"研究生学术论文写作"丛书

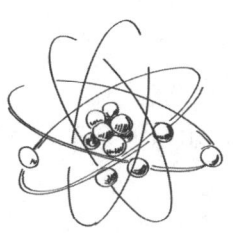

信息科学与技术研究论文写作
案例与方法

◎ 主 编 方 勇

Paper Writing

上海大学出版社

图书在版编目(CIP)数据

信息科学与技术研究论文写作:案例与方法/方勇主编.—上海:上海大学出版社,2021.11
(研究生学术论文写作)
ISBN 978-7-5671-4365-4

Ⅰ.①信… Ⅱ.①方… Ⅲ.①信息技术-论文-写作 Ⅳ.①G202②H152.3

中国版本图书馆 CIP 数据核字(2021)第 221465 号

责任编辑 李 双
封面设计 缪炎栩
技术编辑 金 鑫 钱宇坤

信息科学与技术研究论文写作:案例与方法
方 勇 主编
上海大学出版社出版发行
(上海市上大路 99 号 邮政编码 200444)
(http://www.shupress.cn 发行热线 021-66135112)
出版人 戴骏豪

*

南京展望文化发展有限公司排版
上海普顺印刷包装有限公司印刷 各地新华书店经销
开本 710mm×1000mm 1/16 印张 10.75 字数 162 千
2021 年 11 月第 1 版 2021 年 11 月第 1 次印刷
ISBN 978-7-5671-4365-4/G·3396 定价 49.00 元

版权所有 侵权必究
如发现本书有印装质量问题请与印刷厂质量科联系
联系电话:021-36522998

"研究生学术论文写作"丛书编委会

主　任　汪小帆

副主任　刘文光　李常品　曾桂娥

委　员　（按姓氏笔画为序）
　　　　　于瀛洁　王廷云　王远弟　毛建华
　　　　　卢志国　田立君　闫坤如　李凤章
　　　　　沈　荟　张勇安　张新鹏　姚　萱
　　　　　姚　蓉　聂永有　黄晓春　曾　军

总 序

教育部办公厅《关于进一步规范和加强研究生培养管理的通知》明确指出，研究生培养单位要加强学术规范和学术道德教育，把论文写作指导课程作为必修课纳入研究生培养环节。上海大学积极响应，安排各个学院组织开设相关课程并纳入研究生培养环节，取得良好效果。

为了进一步提升研究生培养质量，上海大学研究生院和上海大学出版社联合策划了"研究生学术论文写作"丛书，作为研究生学习学术写作的指导用书。本丛书内容涵盖文科、理科、工科、医学、经济、管理等多个学科，邀请各学科教授及学术骨干领衔担任主编，并根据学科特点，采用以下两种编纂模式：一是对已发表的高水平论文进行综合分析，归纳出写作要点；二是在已发表的论文案例基础上，论文原作者解析撰文过程和注意事项。这种"案例+方法"的编纂模式，通过论文作者现身说法的方式，从问题意识、论证方法、创新之处等方面揭示论文的成文之道，为研究生提供可参考、可借鉴的学术写作范例。

上海大学老校长钱伟长生前指出，研究生培养分为两个阶段，一个是课程学习阶段，另一个是论文写作阶段。钱校长非常重视研究生学术论文写作能力的培养，他曾经在研究生开学典礼的讲话中指出："论文很重要。写论文以前，你首先要到第一线找到人家的'肩膀'在哪儿。"本丛书的编纂，践行钱伟长教育思想，探索案例和方法相结合的教学途径，为研究生提供学术研究的"肩膀"，为各学科研究生提供学术论文写作的方法指导，也可为青年教师撰写学术论文提供思路启发。

我们真诚地希望使用本丛书的教师、学生以及广大读者对其中存在的问题提出修改意见或建议，交流互鉴，共彰学术。

"研究生学术论文写作"丛书编委会
2021 年 9 月

目 录

前言 ·· 1

案例 1：高灵敏度的 PbS 掺杂光纤布拉格光栅温度传感器 ········ 王廷云 1

案例 2：输出含水印的神经网络模型水印 ···························· 张新鹏 9

案例 3：氧化铝陶瓷衍生光纤高温应变传感器 ············ 庞拂飞 王之凤 16

案例 4：面向 VVC 视频编码的 CTU 划分结构决策和快速帧内
模式决策 ·· 沈礼权 安 平 24

案例 5：无进（借）位运算器的降值设计理论及其在三值光计算
机中的应用 ··· 金 翊 32

案例 6：基于非正则高斯信号的信息和能量协同传输网络的研究
·· 方 勇 佘鸿文 39

案例 7：基于毛细管 zigzag 传输的微球谐振腔耦合器
·································· 张小贝 杨 勇 王梓杰 王廷云 48

案例 8：基于深度估计与步长判决的光场压缩算法 ········ 黄新彭 安 平 56

案例 9：基于灵活帧结构的高能效资源配置研究 ········ 陈小静 张舜卿 64

案例 10：社交网络基于凝聚熵的影响最大化动态算法 ············ 李卫民 72

案例 11：有源人工表面等离激元 Fano 共振传感器 ················ 周永金 80

1

案例 12：二氧化碳激光制备保偏光纤螺旋长周期光栅
.... 姜 晨 刘云启 赵云鹤 牟成博 王廷云 88

案例 13：基于表情定制式生成对抗网络的人脸生成模型 .... 曾 丹 95

案例 14：基于多尺度分割的视觉显著性模型：显著性树 .... 刘 志 103

案例 15：基于 C-V2X 直连通信的车辆编队行驶性能优化
.... 姜之源 付思雨 张舜卿 111

案例 16：时变信道 OFDM 系统的导频序列设计 ...... 盛志超 方 勇 119

案例 17：腔内平均色散和光谱带宽对长波段被动谐波锁模光纤
激光器的影响 .... 牟成博 黄千千 128

案例 18：一种相似问题的检索集成框架：基于词语义嵌入的
标签聚类 LDA 和问题生命周期 .... 刘 悦 135

案例 19：RGA-CNNs：基于可交换几何代数的卷积神经网络
.... 王 瑞 王向阳 143

案例 20：基于深度学习自闭症短期自发血流动力学波动预测
.... 徐凌宇 耿秀琳 151

前言

对于研究生而言，掌握科学的研究方法并准确地表达研究成果，无疑是研究生阶段最重要的学习内容，撰写可公开发表的论文，是科学研究创新与能力培养的重要组成部分。目前，已经有不少文献系统地阐述了学术论文选题、科学研究的方法、学术论文的特点、学术论文的写作方法等方面的内容，尤其是在研究论文的写作方法、规范与技巧等方面，有许多书籍可以借鉴。本书以论文示范案例为基础来介绍论文的写作方法，试图从另外一个角度来提升研究生的科技论文写作水平。

首先，本书选取了电子科学与技术、信息与通信工程和计算机科学与工程领域 20 篇具有较高水准的论文作为示范案例，旨在使其更具针对性，同时也兼顾了示范案例的覆盖范围。我们邀请到了每篇研究论文的作者亲自撰文解析，完整勾画出科技论文写作的每一个环节，让读者感受到论文写作的整个过程。对研究生而言，与论文作者直接交流，无疑是提升问题意识、提高科研水平、提升论文写作能力的最佳机会。

其次，每篇示范论文的作者都力图从如何选题、立题；体现了什么样的科学关键问题；结合当前的研究现状，如何在现有的理论或方法上进行创新；如何实现有效论证；如何实现实验或仿真结果对创新理论方法的支撑；关键问题解决的论文主题框架如何构建；如何通过摘要、引言、论文总结完成论文的写作；以及论文发表后的反思等，反响与被引用，甚至论文的不足

之处等方面,给读者进行全方位的解析。这是本书与其他论文写作方面的指导书的区别之处。

再次,要感谢上海大学研究生院和上海大学出版社期刊社党委书记曾桂娥教授。研究生院已经计划了在一年级研究生中开设论文写作课程,这是非常有必要的。在探讨该课程设置方式时必然要筹划相应的教材,由于面向多学科,在曾书记策划下,"研究生学术论文写作"丛书从不同的视角向研究生们介绍研究论文的写作方法。作为该丛书的一种,本书主要选取信息科学领域的高质量论文作为代表进行介绍,可与研究生论文写作课程配合使用。

最后,要感谢这20篇示范论文的作者,不仅提供了案例示范论文的出处,更宝贵的是部分作者亲自撰文,对论文进行深入解析,并与研究生们分享了他们最宝贵的科学研究过程和论文写作经验,希望对年轻学子们有所帮助。同时,也要感谢上海大学出版社的编辑们,是你们的辛劳才成就了本书的出版。

方 勇

2021年8月12日

案例 1：高灵敏度的 PbS 掺杂光纤布拉格光栅温度传感器

王廷云[*]

 **案例来源**

Pan X P, Dong Y H, Zheng J J, et al. Enhanced FBG temperature sensitivity in PbS-Doped silica optical fiber [J]. Journal of Lightwave Technologies，2019，37（18）：4902-4907

https://ieeexplore.ieee.org/document/8811483

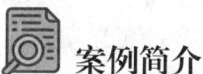 **案例简介**

科技的不断进步和发展，使得温度的计量和监测在电子工业和农业生活中占据着越来越重要的地位。随着人们对于温度传感器的测量范围、精度及使用条件越来越苛刻，开发出一种新型的高灵敏度温度传感器便显得尤为重要。光纤具有体积小、重量轻、抗电磁干扰能力强、响应速度快等特性，适用于各类极端环境。近些年来，研究者发现在光纤纤芯中掺入稀土材料（铒、钕等）或半导体材料（氧化锡、氧化锗）等特殊元素可以提高特种光纤对温度的敏感性，但是其内在的物理机理却鲜有研究。我们通过调研发现，硫化铅（PbS）作为一种典型的窄禁带半导体材料，具有较高的热光系

---

[*] 王廷云，上海大学通信与信息工程学院教授、博士生导师。主要研究方向：特种光纤、光电信息处理。

数和热膨胀系数,在非线性光纤材料、温度传感等方面具有较大的应用前景。因此,我们利用原子层沉积法结合改进的化学气相沉积法首次制备了一种基于 PbS 半导体掺杂石英光纤,然后采用相位掩膜法刻写布拉格光栅(Fiber Bragg Grating,FBG),并搭建温度传感系统,检测其温度灵敏度。结果表明,由于光纤纤芯中掺入了高温敏性的 PbS 半导体材料,导致光纤纤芯与包层模有效折射率差的动态变化范围增大,大大提升了 FBG 的温度灵敏度(约 19 pm/℃)。与标准单模光纤(Single Mode Fiber,SMF)布拉格光栅相比(约 11 pm/℃),灵敏度提高了 60%多。通过对理论公式的进一步推导和结果曲线的再次拟合,我们发现 PbS 材料的热膨胀系数和热光系数均对温度有一定的依赖度。之后通过静态热机械分析(Thermomechanical Analysis,TMA),得到了 PbS 半导体掺杂石英材料的热膨胀系数,并推算出其热光系数比普通石英材料高了近一个数量级,这也揭示了提高光纤温敏性的普适规律。通过优化 PbS 半导体材料的掺杂技术,可以进一步地提高光纤光栅温度灵敏度,使其在温度传感器领域具有更大的吸引力。本论文将从论文的选题目标,研究现状的梳理和创新点的提出,课题论证逻辑,论文写作框架搭建,摘要、引言和总结的重要性,以及文章引用和发表后的思考这几个方面进行简单探讨和分析,并分享论文写作中的一些经验,希望这些经验可以实实在在地帮助大家启迪智慧、激发写作灵感,为写好科技论文奠定必要的基础。

方法谈

1.1　选题目标

在科研过程中,选题的正确与否是课题研究成功的前提。科研选题就是选择研究的方向、过程和方法,要有新颖性、合理性和先进性。确定一个好的研究课题就是需要揭示你所研究的目标需求,也就是要回答一个关键的问题:"你要解决一个什么样的问题?"而这个问题一般指的是科学前沿中的问题,或者学科发展面临的问题。此外,选题目标的需求应该结合本学科的研究战略和本领域的发展趋势，寻找到彼此之间的内在联系，从而确定一个有具体应用范围、可持续发展的研究课题。

以所发表的这篇文章为例，随着 21 世纪科技的不断进步和发展，温度传感器在工业和电子信息传感器领域中占比越来越重，为传感器总体需求量的近 50%。而传统的温度传感器易受电磁干扰，精度较低，应用场景局限性大，因此，如何实现温度传感器的稳定性和高灵敏度特性是目前亟待解决的问题。由于光纤具有体积小、重量轻、抗电磁干扰能力强、响应速度快、适用于各类极端环境等优点，将其应用于温度传感领域，具有非常大的现实应用价值。因此，文章着眼于光纤光栅传感器的温度灵敏度，即其能够测试到的最小温度变化。通常，标准单模光纤（SMF）布拉格光栅在 1 550 nm 波段附近的温度灵敏度大约 11 pm/℃，换算后即被测物体或被测环境的温度每变化 0.1℃，此传感器的反射波长变化约 1 pm。反射波长变化越小，在实际工程中所需的信号解调仪分辨率就越高，相对应成本也会提高，否则会影响实际测试精度。因此，提高光纤光栅的灵敏度，也可提高测量精度。于是，文章从增强光纤的温度敏感性作为切入点，通过大量调研，寻找到了一种高温敏性的半导体材料——硫化铅（PbS），制备出高灵敏度的光纤光栅温度传感器，这也是这篇文章所想要解决的实际问题和它所展现的广阔的应用前景。

1.2 研究现状的梳理及创新点的提出

每一个研究课题的开展都是建立在大量文献调研的基础上的，同时调研的范围应该紧紧围绕该课题想要改进的核心理论或技术等研究内容进行，避免大量无关的调研和文献堆砌。只有在充分做好文献调研和分析之后，再开展课题研究，才会得到更有价值的成果。

（1）在文献研习过程中，首先需要有选择性地阅读具有代表性的文献，即在国内外权威性的期刊上发表的高水平论文，这些文章阐明了你所研究的领域目前发展的基本现状。

（2）追踪阅读本学科领域内的权威学者或者相关课题组发表的论文，分析他们十多年来对课题研究和改进的实验思路，明确目前学术领域的基本态势,梳理近年来本领域发展的整体脉络。

(3)明确不同研究方向的特点,找到这些课题存在的共性问题和不足之处,从中挖掘新的思路和方法,提出新的观点和突破口。

以所发表的这篇文章为例,在提高光纤温度灵敏度的大背景下,我们主要是从不同温敏性的光纤掺杂材料的角度进行对比分析。研究表明,光纤中引入稀土材料(铒、钕等)或半导体材料(氧化锡、氧化锗)等特殊元素后,所制备的光纤实现了较好的热稳定性和敏感性。例如,2004 年英国伦敦城市大学的研究人员对比分析了 Sb-Ge-Er 和 Sn-Ge-Er 掺杂光纤的高温特性,结果表明其在 800℃左右温度灵敏度约为 18 pm/℃;2010 年韩国光州科学技术学院的研究人员通过增加光纤的热膨胀系数,制备了温度灵敏度高达 0.017 3 nm/℃的高灵敏度光纤布拉格光栅;2016 年澳大利亚阿德莱德大学的研究人员制备了一种基于稀土掺杂的玻璃光纤便携式温度测量装置,并使用此光纤探针应用于体内脑温度的测量分析。

但是,这篇文章存在的共性问题就是没有进一步地分析掺入特定元素后光纤灵敏度提高的具体原因,而且也没有实验加以论证,缺乏理论说服力,这是本篇文章需要突破的地方。通过大量调研发现,PbS 半导体纳米材料具有较高的热膨胀系数和热光系数,在温度传感领域具有广阔的应用前景。因此,我们利用原子层沉积法和改进的化学气相沉积法首次制备了不同浓度的 PbS 半导体掺杂石英光纤,这也是本篇文章的创新点之一。结果如原文图 1 中所示,不同浓度的掺杂光纤具有不同的折射率和传输损耗,图中显示样品 2 比样品 1 的掺杂浓度高,体现的性能特征是纤芯折射率高、传输损耗也大,也就是说如果考虑传输损耗的因素,掺杂浓度不宜过高。在此基础上,对其温度传感特性作进一步的分析、对比,建立温度与布拉格光栅谐振波长漂移的关系模型,从理论和实验角度深入分析影响因素,揭示普适规律。这也是本论文的核心观点所在。

1.3 课题论证逻辑

科学研究是一个论证过程,必须要有缜密的逻辑思维,科学真实的理论依据。论证的严谨性也体现了你对所在专业领域的知识掌握程度,所有目标均要围绕着核心观点开展。在逻辑学上,所有严谨的课题论证过程都离不开三个要素:论点、论据和论证。

以所发表的这篇文章为例,在文章第一部分引言的后半段内容中提出了一个论点:掺 PbS 半导体材料的光纤具有优异的温度传感性能。这个论点是经过大量前期调研后总结的简单推断,也是整篇论文的核心,但是仍需要论据加以支撑。所以,在原文中的第二部分通过理论推导,得到光纤布拉格光栅谐振波长漂移随温度的变化情况与材料本身的热膨胀和热光系数有关。PbS 半导体材料具有的高热膨胀和热光系数可以增加布拉格谐振波长随温度变化的偏移量,进而提高光纤光栅的温度灵敏度。然后,对论点进行具体论证,如原文图 2 和图 3 所示,通过搭建温度传感系统和实时测试,结果表明 PbS 掺杂光纤布拉格光栅的温度灵敏度约为 19 pm/℃,相比标准单模光纤布拉格光栅高了 60% 多。通过对理论公式的进一步推导和曲线的再次拟合,发现 PbS 材料的热膨胀系数和热光系数均对温度有一定的依赖度,且随着温度的升高而增加。因此,为了继续验证 PbS 材料的物理特性,我们采用静态热机械分析(TMA),如原文图 4 所示,得到 PbS 半导体掺杂石英材料的热膨胀系数,并推算出其热光系数比普通石英材料高了近一个数量级,揭示了提高光纤温敏性的普适规律,也进一步证明了前面的论点推断以及论据理论推导的正确性。由此,可以看到好的科技论文中,论点、论据和论证三者必不可少,三者紧密联系才能构成完整的论证体系。

1.4 搭建论文写作框架

其实论文就跟人体构造一样,要有骨骼框架的支撑,如果骨骼结构出现问题,也就意味着人体的正常机能会受到一定的影响。科技论文写作在明白"研究的是什么""为什么会这样""怎么研究""用什么方法去研究"等核心问题后,就要开始搭建整个论文的系统框架,这也是对文章内容的整体布局安排,当然所有的内容都是围绕一个中心思想,即论点而展开的,最后把理论观点推向新的高度。下面以所发表的这篇文章为例,课题研究的目的就是制备出高灵敏度的光纤光栅温度传感器。针对这个问题，搭建了从理论和实验两个方面进行论证的框架结构后，再层层递进地填充具体内容，例如，对照实验的设计分析、公式的深入推导、热膨胀系数的测定、热光系数的理论计算等，最后总结出一个普适的理论：由于 PbS 半导体材料的高热膨胀系数和热光系数，导致掺杂光纤的高温敏特性。

1.5 摘要、引言和总结的重要性

科技论文的写作框架一般主要包括以下几个部分：摘要、背景引言、理论仿真、实验方案、实验结果分析、总结、项目资助、参考文献等，其中最为重要的就是摘要、引言和总结三个部分。一般对摘要的表述要言简意赅，字数不宜过多，不加任何的评论和解释，通过严谨的句子将文章的目的、方法、结果和结论一气呵成地表述出来。引言的目的就在于经过调研之后，如何巧妙地指出当前研究的不足，然后强调研究内容的重要性，提出自己的观点和应用需求前景。最后的总结是整篇文章的升华，反映文章研究结果的理论价值和应用范围，归纳所有观点，也可以提出还存在的遗留问题，对该问题研究的发展趋势进行科学预测和展望。以所发表的这篇文章为例，在证明光纤中掺入 PbS 材料后可以有效地提高温度敏感性之后，文章的最后部分也提出了可以通过进一步优化光纤掺杂浓度来提高灵敏度的观点，为之后继续深入研究进行铺垫。一般文章的结论与摘要所描述的部分类似，但又不能完全相同。摘要中主要讲述的是文章的创新性、目的性和意义，而文章的结论部分除了创新性、目的性，还要突出结果的优势以及之后的研究意义和趋势，同时句式、语句等也尽量不要和摘要重合。总而言之，优秀的论文结构就是能让读者"进得来""留得下"和"记得住"。

1.6 写作技巧分享

结合所发表的这篇文章，我们在论文写作过程中总结了 5 条写作技巧和反思建议供研究者们借鉴和参考：

（1）论文的标题是读者阅读文章的第一印象，因此文章的重点一定要体现在题目中，且最好用简单的措辞表达，复杂难懂的题目会大大降低读者的阅读兴趣。

（2）尽量用简单易懂的措辞去表达所要讲述的观点。通俗的语句有助于更多的人了解你的工作。但是也不能过于口语化，学术论文还是要注重学术性和严谨性。

（3）尽量提高文章中图表的美观性和阅读性，注释详细，标尺清楚，让读者能够不看文章具体内容就知道这些图表所要表达的意思和展现的结论。

（4）让更多的专业人士阅读你的文章，提出修改意见，获取反馈，然后不断打磨和精炼，提高文章的整体质量，同时也可以降低文章被编辑直接拒稿的风险。

（5）撰写好的论文可以在不同阶段重新去阅读，让大脑走出固有的思维模式，重新审视这篇文章，可能会发现新的思路和产生新的想法，每一篇好的论文都是经过长时间反复推敲和打磨才撰写出来的。

1.7 文章被引用和发表后的思考

众所周知，论文的被引用次数是评价科技论文价值和影响力的重要指标之一，同时也可以反映出本学科领域内其他研究者对该文章所提出观点的肯定情况。以所发表的这篇文章为例，在发表一年的时间里，已被他人引用 5 次。例如，厦门大学蔡等[1]引用本篇文章，提出了混合增益介质和 Sagnac 干涉仪结构，制备出用于温度测量的多波长光纤环形激光器；印度的 Pant 等[2]提出将 FBG 与不锈钢管结合，探测牙髓内的温度变化情况；Shweta 等[3]深入研究了 FBG 中的温度交叉敏感度等问题。这些引用说明这些学者认可在光纤中掺入高温敏性材料可以提高传感器温度灵敏度的观点。这些为我们之后研究不同温度传感器结构以及传感应用领域提供了新的想法。通过进一步优化改进实验方案，挖掘新的实验思路，可尝试多种结构，例如，光栅级联、F-P 腔结构等。此外，为提高光纤光栅温度传感器的灵敏度可继续优化制备工艺，适当增加纤芯中 PbS 半导体材料的掺杂浓度。

1.8 总结

科技论文的写作是一门涵盖很多内容的学问,包括命辞遣意、创作逻辑、写作技巧、读者喜好等,最重要的就是你需要清楚地知道你想讲述一个什么样的故事,然后按照科学的逻辑和证据进行描述。成功地做好一个课题研究,写好一篇科技论文并不是一天两天就可以完成的,就如学英语一样,使用多了才能慢慢掌握诀窍,培养出语感。多看、多写、多学、多用、多请教,不断提高自身的科研能力和写作水平,使研究数据可靠、方法正确、结构紧密、学术价值高,这样才能使自己的文章快速发表,进而得到社会的认可,促进本学科的发展。

参考文献

[1] Cai X, Luo J, Fu H, et al. Temperature Measurement using a multi-wavelength fiber ring laser based on a hybrid gain medium and sagnac interferometer [J]. Opt. Express,2020,28 (26):39933-39943.

[2] Pant S, Umesh S, Asokan S. Pulp chamber temperature variation evaluation using fiber bragg grating sensor [J]. Appl. Optics,2020,59 (34):10953-10958.

[3] Sahota J K, Gupta N, Dhawan D. Fiber bragg grating sensors for monitoring of physical parameters:A comprehensive review [J]. Opt. Eng.,2020,59 (6):060901-1-35.

案例2：输出含水印的神经网络模型水印

张新鹏*

案例来源

Zhang X P, Wu H Z, Liu G, et al. Watermarking neural networks with watermarked images [J] IEEE Trans. Circuits Syst. Video Technol., 2020. https://doi.org/10.1109/TCSVT.2020.3030671

案例简介

神经网络已经在诸多应用领域得到了成功的应用，许多大型科技公司都将神经网络模型部署在商业产品中，以提高产品质量和效益。然而，训练先进的神经网络模型需要大规模数据集、庞大的计算资源以及设计者的智慧。这意味着，作为非常昂贵的数字资产，神经网络模型极易被非法窃取和贩卖。如何保护神经网络模型的知识产权成为了亟待学术界和工业界解决的、具有挑战性的难题。近年来，已经有学者提出运用数字水印技术保护神经网络模型的知识产权。该方法主要分为两大类：基于权重的"白盒"神经网络模型水印、基于触发集的"黑盒"神经网络模型水印。前者主要利用神经网络的参数承载数字水印，要求水印提取者预先知悉神经网络模型的结构和参

---

* 张新鹏，上海大学通信与信息工程学院教授、博士生导师。主要研究方向：多媒体信息安全、人工智能安全。

数。后者通过让神经网络输出预期的分类结果来承载水印信息，这类方法不要求水印提取者预先掌握模型细节，但要求水印提取者能够和神经网络模型进行交互。上述方法都需要借助神经网络模型提取水印，在实际应用场景中容易受到限制。一方面，神经网络模型一旦被窃取，攻击者可以通过限制模型的使用权限，使"白盒"水印和"黑盒"水印失效。另一方面，"黑盒"水印依赖于输入数据，并且多局限于分类任务，不能用于流行的生成任务。为此，本论文设计了一种新的"无盒"神经网络模型水印框架，使得水印提取者无须知悉模型细节、无须与模型进行交互、无须向模型提供输入数据，仅从神经网络模型的输出结果就能够完成水印提取工作，达到产权保护和溯源等目的。试验结果表明，所提出的方法在各类生成任务上均表现出优越的性能，普适性强。

 方法谈

1.1 前言

撰写研究论文是科研工作者在科研工作过程中的重要环节。通过在所研究领域的重要期刊或会议上发表高水平学术论文，不仅能够和同行们分享自己的最新研究成果，推动领域向前发展，还可以提升科研工作者的学术声誉。然而，学术论文在正式发表之前，需要通过严格的同行评审。如何撰写高质量的、有重要学术贡献的研究论文变得尤为重要。本论文将以近期发表在国际重要学术期刊 *IEEE Transactions on Circuits and Systems for Video Technology* 上的研究成果 "Watermarking Neural Networks with Watermarked Images" 为例，就研究论文的选题、方法、仿真实验以及写作等方面进行探讨，以期对读者撰写研究论文具有一定的参考价值和启发意义。

1.2 论文之道

论文选题应当具有前瞻性，能够把握领域的发展趋势。以所选论文的研究背景为例，深度神经网络已经在图像分类、语音识别、自然语言处理、自动驾驶和推荐系统等各领域取得了巨大成功，这促使许多科技公司都将神经网络模型部署在他们的商业产品中，以提高产品性能，其俨然成为了学术界和工业界研究的热门领域。神经网络模型既凝聚了设计者的智慧，又消耗了大量的训练数据和计算资源，是人工智能技术的重要产出物，它将被越来越广泛地运用在生产和生活中。神经网络模型可以部署于本地以提供个人服务，也可以部署于网络以提供公共服务。然而，作为一种昂贵的数字产品，神经网络模型很容易被他人复制、调整和篡改，以达到谋取商业利益或其他非法目的。如何保护神经网络模型的知识产权成了迫切需要学术界和工业界解决的、具有挑战性的难题。值得一提的是，在"十四五"国家重点研发计划"网络空间安全治理"重点专项 2021 年度项目申报指南中，也将研究神经网络模型免于被非法复制、破坏和分发等安全技术作为重要内容。本论文聚焦神经网络模型的知识产权保护，切合实际重大需求，具有广泛的应用前景，前瞻性强。

  方法应解决关键科学问题，切实推动领域向前发展。已有学者提出运用数字水印技术保护神经网络模型的知识产权。数字水印是一种将特定信息（又称"水印"）隐藏在数字信号中、不影响信号使用价值的技术，数字信号可以是图像、视频和音频等任意数字产品。若要拷贝载有水印的信号，则水印也会一并被拷贝。如果水印包含了信号的拥有者和来源信息，一旦信号被泄露，通过在泄露的信号中重构水印，可确定信号的拥有者和来源。例如，敏感部门通过内网向员工发送敏感文档前，可向文档中嵌入关联员工身份的水印，使得每份文档虽具有相同的内容，却承载了不同的水印。一旦文档泄露到外网，通过在泄露的文档中提取水印，可追踪泄露源。显然，也可以通过向神经网络模型嵌入水印来保护神经网络模型，称之为神经网络模型水印。传统数字水印技术主要面向图像、视频和语音等常见媒体数据。然而，不同于这些常见的媒体数据，神经网络不仅具有特殊的数据格式，还是具有特定任务的功能函数。这意味着，不能简单地将适用于多媒体数据的数字水印技术直接应用于神经网络模型。例如，由于神经网络要完成特定的任务（如人脸识别、智能对话等），直接调整神经网络参数会导致神经网络在特定任务上的性能急剧下降，从而失去商业价值。因此，神经网络模型水印需要保证所添加的水印不会损害神经网络在特定任务上的性能。

实验应充分全面，提供有说服力的分析。以论文为例，对于需要完成特定任务的神经网络而言，对其嵌入数字水印信息，不仅要求载有水印信息的神经网络在特定任务上的性能不能下降，而且要求水印提取者能够从神经网络的输出内容中提取出水印信息。为此，对于前者，需要对比输出含水印的神经网络和输出不含水印的神经网络在特定任务上的性能。对于后者，需要对比输出含水印的神经网络和输出不含水印的神经网络在输出内容上的差异以及两者在水印重建过程中的差异。除此之外，借鉴多媒体水印技术的评价指标，神经网络模型水印还需要考虑：水印嵌入量、水印保真度、水印唯一性（不能从未添加水印的任意神经网络模型中重构出水印）、计算复杂度（嵌入/提取水印的运算量）、安全性（攻击者重建水印的难度）、鲁棒性（抵抗水印攻击的能力）和普适性等。通过充分考虑不同的评价指标，我们能够对所提出的方法给出全方位的性能评估。

1.3 写作之道

好的研究论文不仅要求选题、方法和实验等具有创造性和说服力，也对论文的呈现有着高要求。一篇研究论文主要包括标题、摘要、引言、方法、实验分析和结论等重要组成部分。在写作过程中，对每个部分都需要进行高度凝练和准确描述，突出作者的学术贡献，并吸引读者的研读兴趣，与此同时，还要归纳方法的不足，为后续研究指明方向。

论文标题应当简明扼要、一目了然。撰写摘要的过程中，可围绕"研究背景、科学问题、提出的方法、核心思想、实验结果和结论"依次展开，言简意赅，让读者快速掌握论文的学术思想和贡献。引言部分主要阐明研究背景和国内外发展现状，通过指出关键科学问题，引出论文的研究动机，并对所提出的方法或理论进行初步总结，帮助读者理清全文的呈现脉络。以本论文为例，在引言部分，可以围绕"神经网络：新型基础设施""神经网络：昂贵的数字资产""数字水印：神经网络模型产权的保护神"三大模块循序展开描述和分析，进而引出论文的贡献。

此后，通过对所提出的方法进行详细介绍，包括总体框架、关键步骤和核心技术等，使读者能够清晰地掌握所提出方法的原理和细节。在撰写的过程中，务必做到条理清晰、内容无误，同时对必要的环节给予合理分析。以论文为例，为了实现"无盒"神经网络模型水印，我们需要设计新的网络结构，对于某个具体的结构模块，为什么要如此设计就变得很重要，我们有必要给出合理的解释。实际上，在介绍所提出的方法时，应尽可能地让读者不阅读历史内容。在实验分析环节，需要围绕待解决的关键科学问题进行一系列性能评估，并详细分析实验过程中的各种现象和结果，以提供有说服力的论据。否则，评阅人会因为实验不充分等原因拒绝录用。

最后，需要在总结部分归纳所提出的方法，点明优缺点，并讨论未来的发展趋势或值得研究的内容。以论文为例，在神经网络应用广泛的今天，神经网络水印技术具有明显的实用价值。但我们也要意识到，作为一种安全技术，神经网络模型水印技术将在不断地"攻"与"防"中发展。对神经网络模型水印的攻击一般是针对水印的稳健性提出的，所谓的稳健性是指载有水印的神经网络在经历多种有意或无意的处理（包括调整、重训练等）之后，仍可保证水印被重构，从而可以保护神经网络模型的产权。因此，稳健性好的神经网络水印技术应能抵御各种攻击行为，研究稳健的神经网络模型水印技术是未来的趋势。此外，还需要指出的是，仅靠水印技术保护神经网络的知识产权并不总是可靠的。正如军事理论中的多兵种协同作战一样，还需要结合密码学以及一些其他的认证技术等一起使用才能做到万无一失。一个实用的神经网络水印系统需要融合多种安全技术才能抵抗各种攻击行为，进而构成完善的人工智能产品版权保护解决方案。

1.4 梳理之道

一篇重要的研究论文在发表之后，会在领域内产生重要的影响力，会更新领域的发展格局。因此，我们有必要重新梳理和总结领域发展现状，以便提升对研究领域的全局把握。以本论文为例，论文的核心贡献是提出了"无盒"神经网络模型水印新概念，这与传统方法截然不同。本论文发表之后，我们重新对神经网络模型水印技术进行归纳，总结如下：

从神经网络结构看，主流方法多针对卷积神经网络，其原因在于卷积神经网络的应用更为广泛和成功，且一些适用于卷积神经网络的模型水印技术能够扩展到其他网络。从神经网络的任务看，主流方法多面向分类模型和生成模型，前者预测样本的类别，后者依据学习到的知识，生成新样本。

从水印嵌入的角度看，可以将主流方法大致归为三类：构造特殊的输入样本（输入层）、调整神经网络的结构或参数（中间层）、标记神经网络的输出结果（输出层）。第一类方法利用神经网络在特殊样本集上的预期输出承载水印。例如，通过对输入添加特定的模式，并通过更改标签，可以使神经网络学习到特定的模式，建立起特定模式与更改后的标签之间的对应关系，水印检测时，依据目标神经网络在添加有特定模式的样本集上的输出结果来确定产权。第二类方法最为直观，是指通过修改神经网络的结构或参数来承载水印。例如，通过添加关联水印的正则化项可以使神经网络在训练的过程中将水印自动嵌入在模型的参数当中。第三类方法通过调制神经网络的输出结果，达到承载水印的目的，本论文就是对神经网络的输出图像添加水印，在输出图像中检测水印以鉴定产权。

从水印提取的角度看，可以将主流方法大致归为三类："白盒""黑盒"和"无盒"。"白盒"水印是指提取者能够访问目标网络的内部结构和参数，并能与之交互（输入/输出查询）；"黑盒"水印是指提取者不能掌握目标网络的全部细节，但能与之交互；"无盒"水印是指提取者既不能完全掌握目标网络的细节，也不能与之交互，但能够通过其他手段收集到由目标网络制造的数据。本论文就是通过对神经网络的输出添加水印实现"无盒"认证。

从水印攻击的角度看，攻击者有三种选择："攻击嵌入""攻击提取"和"提升自身实力，与之共存"。第一种攻击的目的是去除已嵌入的水印，典型的攻击手段包括模型重训练、模型微调、模型压缩和剪枝等。第二种攻击的目的是让水印难以重构，例如，通过对输入样本或输出结果进行干扰（如篡改输入样本、伪造输出结果等），可以使水印检测失败。第三种攻击的目的是植入或伪造对攻击者有利的新水印，造成产权鉴定出现歧义。由于水印嵌入者和水印提取者之间存在联盟关系，前两种攻击缺少明确的划分界线。当神经网络模型为多个成员所共享，还需要避免联盟成员进行合谋。此外，对于攻击者而言，他的攻击原则上不能以严重损害神经网络在原始任务上的性能为代价。

1.5 结束语

发表高水平研究论文是融入科学共同体的重要渠道，需要科研人员长时间的实践、积累和总结。本论文就撰写高水平研究论文进行了较浅讨论，希望对立志推动科学发展的科研人员有参考价值。

案例 3：氧化铝陶瓷衍生光纤高温应变传感器

庞拂飞　王之凤*

案例来源

Wang Z F, Liu H, Ma Z, et al. High temperature strain sensing with alumina ceramic derived fiber based Fabry-Perot interferometer [J]. Optics Express, 2019, 27 (20): 27691-27701.

DOI: 10.1364/OE.27.027691

案例简介

光纤应变传感器因其体积小、灵敏度高、抗电磁干扰能力强等优点，在结构健康监测领域备受关注。常规的光纤应变传感器是基于石英光纤制备的，但受限于纤芯低浓度的掺杂，在高于 800℃的环境中，石英光纤应变传感器的稳定性和机械性能会有所降低，从而影响传感器的性能。因此，需要探索一种耐高温的光纤，这是探索高温应变传感器的一个关键问题。蓝宝石衍生光纤（Sapphire Derived Fiber，SDF）是一种纤芯掺杂氧化铝的新型耐高温光纤。研究表明，SDF 可以在 1 200℃下存活，目前还没有基于 SDF 的应变传感器的研究报道，这是一个值得探索的课题。但是，由于 SDF 是以

---

* 庞拂飞，上海大学通信与信息工程学院教授、博士生导师。主要研究方向：特种光纤、光纤传感技术。

王之凤，上海大学通信与信息工程学院博士研究生。主要研究方向：特种光纤传感器。

单晶蓝宝石棒为芯棒拉制而成，制备成本高，因此，我们选择的课题是如何制备一个低成本耐高温的光纤，并基于新的高温光纤制备应变传感器。基于氧化铝掺杂光纤的耐高温性，我们提出了一种方案，以高纯度氧化铝陶瓷棒代替单晶蓝宝石棒（熔点 2 045℃）作为芯棒进行光纤拉制。氧化铝陶瓷衍生光纤（Ceramics Derived Fiber，CDF）的成功拉制，通过实验上论证了我们的设想。如何基于 CDF 制备应变传感器，是需要解决的第二个关键问题。当通过电弧放电法作用于 CDF 时，我们发现在 CDF 的纤芯中会析出莫来石晶体。莫来石晶体的耐高温性和高折射率，可以将高折射率的析晶区作为反射面，制备法布里-珀罗干涉仪（Febry-Perot Interferometer，FPI）。CDF-FPI 的工作原理和实验结果证明了基于 CDF 制备 FPI 的可行性，这是一个课题论证过程。接着，我们基于 CDF-FPI 传感器进行了高温应变测试，为了得到客观真实的结果和结论，我们搭建了高温应变测试系统，测试了 CDF-FPI 从室温至 1 100℃的应变响应，并在 900℃和 1 000℃的温度下进行三次重复测试，以验证传感器的高温工作性能。实验结果表明，CDF-FPI 传感器在 900℃时，可以在 3 000 $\mu\varepsilon$ 的范围内进行稳定工作，是目前已报道的一些传感器的应变测量范围的 3 倍。与已报道的传感器性能进行对比，是为了直观体现所研究课题的优势。根据课题的论证结果，可以证明研究课题 CDF-FPI 应变传感器在高温恶劣环境中具有潜在的应用前景。

方法谈

1.1　如何选题

开展科研工作的第一步就是选择课题，尤其是选择一个具有研究意义的课题。学术论文的课题一般来源于社会需求或国家需要，有学术性、创新性以及科学性的课题都是有研究意义的。需要注意的是，一般一个课题涵盖的子课题有很多，而学术论文是针对某一子课题研究进展的总结。本论文研究的大课题是关于光纤传感器，大量学术论文已经证明光纤传感器在航空航天、智能交通、工程结构等领域具有广泛的应用前景。光纤传感器广泛的应用前景和研究热度证明了该课题具有较强的研究意义。光纤传感器的种类有很多，如压力、温度、应变、磁场、弯曲等传感器。光纤应变传感器的研究就是一子课题，为突破以往光纤应变传感器的工作温度，提出基于氧化铝陶瓷衍生光纤（CDF）制备耐高温的应变传感器，这是本论文的创新点。如何基于CDF制备高温应变传感器是论文关键的科学问题，针对这一科学问题，需要文献调研和理论支撑，从而实现传感器的制备和测试。论文中给出的课题研究进展、研究方法、实验结果是为了体现研究内容的客观性和真实性，这也体现了课题的科学性。

1.2　课题的研究现状及创新点的提出

课题的开展需要对研究背景和研究现状进行调研，以便提出创新点。以本论文为例，通过调研可知，常规的光纤应变传感器是基于石英光纤制备的，但基于石英光纤传感器的工作温度约为800℃，限制了其在更高温度环境下的应用，因此，需要探索一种耐高温的光纤，这就是本论文所需要寻找的创新点。创新点是用于解决现有研究工作的不足，可以是对前人工作的拓展，也可以是新的研究方案。我们通过调研发现SDF是一个理想的选择，已有研究表明基于SDF制备的FPI可以在1 200℃下存活。但是，由于SDF是以单晶蓝宝石棒（熔点2 045℃）为芯棒拉制而成，制备成本高。从SDF拉丝工艺过程分析来看，在拉丝炉高温作用下，单晶蓝宝石芯棒被熔化，形成液相氧化铝，已经不具备晶相，因此，我们提出一种方案，以高纯度氧化铝陶瓷棒代替单晶蓝宝石棒作为芯棒进行氧化铝掺杂光纤的拉制。

1.3　课题论证

课题的可行性需要理论和实验的支撑。课题的理论依据，往往来源于已有的研究成果。以本论文为例，针对第一个关键问题，如何制备耐高温的光纤，提出CDF的可行性，来源于SDF的成功拉制。SDF与CDF的主成分都

是 Al_2O_3，利用管棒法，将刚玉棒插入纯石英（SiO_2）套管中制备预制棒，并送入高温拉丝塔中进行拉制。当拉丝温度高于 CDF 的熔点时，CDF 熔化且石英管处于熔融状态，Al_2O_3 和 SiO_2 受热互相扩散，形成 Al_2O_3-SiO_2 共掺的玻璃光纤。针对第二个关键问题，如何基于 CDF 制备高温应变传感器，提出制备 CDF-FPI 的可行性，来源于氧化铝掺杂光纤的析晶效应可用于制备 FPI 传感器。根据已有的研究成果可知，FPI 由两个反射面和一个干涉腔组成，因此，需要基于 CDF 制备两个反射面和一个干涉腔。已有研究表明对氧化铝掺杂光纤进行热处理和快速降温处理，可在纤芯局部产生高折射率的析晶区。当光耦合至析晶区时，部分光会被反射，因此，可制备两个高折射率的析晶区作为两反射面，析晶区间的 CDF 作为干涉腔，从而构成 FPI，其工作原理如论文中的图 1 所示。

　　本论文的课题内容主要是面向应用，需要对课题先进行理论论证，再进行应用测试。本论文在第二部分介绍了 CDF-FPI 传感器的工作原理。当 CDF-FPI 传感器受到外界应力作用时，传感光纤会发生应变，使其长度发生改变。同时，受弹光效应的影响，应变还会影响光纤折射率，从而影响 FPI 的光程差。根据 FPI 光程差和弹光效应的定义，可以推导出 CDF-FPI 传感器的波长漂移量与应变的关系，$\varepsilon_z = \frac{1}{(1+\gamma) \cdot \lambda_d} \cdot \Delta\lambda_d$。从公式中可以发现，（1）波长漂移量与应变成线性关系，可根据公式估测传感器的灵敏度；（2）当应变增大时，波长应向长波长方向漂移，反之亦然。本论文在第三部分通过实验详细介绍了 CDF-FPI 传感器的制备方法。根据已有报道可知，电弧放电法可对 CDF 进行加热和快速降温处理，从而在 CDF 的纤芯中进行局部析晶。在实际测试中，为便于追踪 CDF-FPI 传感器的干涉谱，需要考虑 FPI 反射面的反射率（影响干涉谱的对比度）和腔长（影响干涉谱的周期），因此，需要选择合适的电弧放电的参数。论文中的图 2（a）是通过电弧放电法处理过的 CDF 显微图，从图中可以明显观察到析晶区。通过折射率分析仪测试 CDF 的不同区域，证明了析晶效应具有折射率调制作用，如论文中的图 2（b）所示。由于本课题的创新点是一个新的研究方向，有可能会产生实验与理论不符的现象，这是科研工作中经常会遇见的问题，因此，需要确认所制备的传感器是否达到预定要求。本论文中，可以通过对比所制备的 FPI 腔长的测量值与理论计算值，进行确认。论文中的图 3 是 CDF-FPI 传感器的反射光谱及其相应的傅里叶变换光谱。通过将 CDF 的折射率、反射谱的周期、谐振波长代入 FPI 的自由光谱范围公式中，计算腔长。实验结果表明，CDF-FPI 的腔长测量值与理论计算值近似相等，即成功制备了目标 CDF-FPI 传感器。

CDF-FPI 传感器可以在高温下进行应变传感是本课题的最终目标，我们在论文的第四部分对测试流程、实验结果和结果分析进行了详细介绍。为了得到客观真实的结果和结论，我们搭建了高温应变测试系统（如论文中的图 4 所示）。首先，测试了 CDF-FPI 从室温至 1 200 ℃ 的温度响应，如论文中的图 5（a）所示。CDF-FPI 的耐高温性是课题后续展开的基础。在证明了 CDF-FPI 的耐高温性之后，先研究室温下的应力（应力与应变成正比）传感特性，确认传感器的工作性能是否与理论相符，测试结果如论文中的图 6 所示。随着轴向应力的增加，光谱向长波长方向移动，波长的漂移量与应力成线性关系，这与 CDF-FPI 前期理论分析相符。进一步测试了 CDF-FPI 从室温至 1 000 ℃ 的应变响应，如论文中的图 7 所示。从图 7 中可以发现，(1) 随着温度升高，应力灵敏度先减小后增加；(2) 当温度达到 1 000 ℃ 时，传感器在经过 3 000 $\mu\varepsilon$ 后，波长不能返回至初始位置。揭示课题探索过程中遇到的实验现象也是课题论证的一部分。根据论文中公式（2）和（6）可知，传感器的应力灵敏度与弹性系数（p_{12}）有关。石英光纤的弹性系数随温度升高呈现先升高后降低的趋势，即与温度有关的弹性系数可能会导致应力灵敏度的非线性趋势，这在一些报道中也得到了验证。结合已有的对材料力学的研究成果可知，现象（2）应归因于光纤的塑性形变，当力超过光纤的弹性极限时，形变是不可逆的。因此，在经历 3 000 $\mu\varepsilon$ 的拉伸后，光纤被轻微拉长，从而导致波长不能回到初始位置。

由于本论文的课题内容主要是面向应用，实际应用中对传感器的技术指标的要求也需要论证。可重复性是传感器的重要技术指标，因此，我们在 900 ℃ 和 1 000 ℃ 的温度下进行三次重复测试，以验证传感器的高温工作性能，如论文中图 8 所示。实验结果证明 CDF-FPI 传感器在 900 ℃ 时，可以

在 $3\,000\,\mu\varepsilon$ 的范围内进行稳定工作，该应变范围是目前已报道的一些传感器的应变测量范围的 3 倍，这是我们取得的重大研究成果。

1.4 论文框架

学术论文一般有统一的框架，包含标题、作者信息、摘要、关键词、引言、方法、结果、总结、参考文献等。标题就是你所研究的课题，可以根据撰写的学术论文内容进行适当的修改。作者信息，一般包含姓名、单位、邮箱地址。摘要是对课题研究内容的简明总结，包含研究对象、研究目的、研究方法、实验结果以及实用价值。关键词是论文的索引，一般从标题和论文的正文中提取。引言包含课题研究意义、研究现状、创新点的提出以及工作总结。方法和结果是对课题关键问题的论证部分，即理论依据和实验内容。总结部分与摘要类似，但要比摘要更详细。参考文献是理论依据的体现，一般放在论文的末尾。

1.5 论文写作方法和写作亮点

初写论文时，可以先按照框架将大致内容写好，后续再对内容进行完善。基于框架写论文，可以避免在逻辑和结构上偏离主题。其中摘要、引言、总结是读者对学术论文最为关注的部分。

摘要在一篇论文中起着举足轻重的作用，这直接关系到读者是否可以快速了解你的工作。因此，摘要部分的语言一定要简练，尤其是研究方法和实验结果，应简单说明，无须详细介绍。需要注意的是，摘要要能吸引读者，实验结果最好用数字体现，这可以给人留下直观的印象。另外，写英文学术论文，摘要部分的英语水平直接影响整篇文章的英语水平，英语写作时需要反复推敲。

引言直接体现你对课题的把握程度。开头应该指出课题的研究背景，接着介绍课题的研究现状，这一部分的逻辑、书写顺序非常重要，直接体现课题创新点的优势。另外，引言中最好介绍近几年的研究工作，体现课题的研究价值。以推荐的论文为例，论文先介绍了目前常规光纤应变传感器是基于石英光纤制备的，为了提高工作温度，总结目前已有的解决方案，然后按照时间顺序详细介绍了2015年以来相关的研究进展，之后引出目前研究工作存在的不足，并提出创新点。引言的最后一部分是对创新点论证的详细概述及其应用价值。需要注意的是，调研课题的研究现状一定要全面，这样引言部分才会给人一种作者对课题的认识很全面且写论文很用心的印象，同时也会加大审稿人对论文的好印象。

总结部分可以让读者最快了解你的研究工作和工作中存在的不足以及你对后续工作的展望。其写作要求与摘要类似，内容上需要在摘要基础上增加对实验结果的讨论以及后续展望。需要注意的是，摘要、引文的最后一部分、总结都是对研究工作的总结，会有一些内容是重复的。为提高论文的可读性，须避免使用相同句型进行描述。

一般读者很少会通读学术论文，正文主要是方法与测试结果，这些内容可以通过图像和表格直观地反映。因此，为增加正文部分的写作亮点，应注重图片和表格的表现方式。

1.6 论文反思

学术论文发表后，应对课题完成度和论文写作进行总结。学术论文发表证明课题的预期目标已完成，我们还需要对课题进行新的展望，以便选择下一个研究课题。需要注意的是，从事科研工作，往往不会只写一篇学术论文，总结论文的写作经验非常重要，尤其是要牢记一些论文写作的注意事项：

（1）学术论文不可抄袭和造假，可以模仿已有的论文的框架以及好的句型，但决不可抄袭。

（2）中英文论文的写作逻辑、写作习惯不同，英文论文还需要注意时态的应用和长短句的正确用法。

（3）虽然摘要、引言的最后部分、总结都是对研究工作的总结，但是仍存在差异，不可以三段重复一种写法。另外，摘要和总结中最好不要有非专有名词的缩写。

（4）论文中用的图片和表格，应在论文中有文字介绍。

（5）参考文献不可引用错误。

（6）每个期刊对论文的关注点不同，例如，有些期刊注重创新点的参数，有些期刊注重创新点的理论。为了提高文章的录用概率，应对期刊的类型做调研，然后确定论文的侧重点。

（7）论文初稿完成后，应进行多次修改，尤其是第一次写学术论文的研究生，最好请导师或者同学帮忙修改。另外，论文在最终稿投稿前，应确认作者姓名、所属单位、邮箱地址、论文中的公式、图片、表格等内容是否存在打印错误。

案例 4：面向 VVC 视频编码的 CTU 划分结构决策和快速帧内模式决策

沈礼权　安　平*

案例来源

Yang H, Shen L Q, Dong X, et al. Low-complexity CTU partition structure decision and fast intra mode decision for versatile video coding [J]. IEEE Trans. Circuits and Systems for Video Technology, 2020, 30 (6): 1668-1682.
DOI: 10.1109/TCSVT.2019.2904198

案例简介

为提高新一代 8K 超高清视频的编码效率，国际上正在制定新一代视频编码标准 VVC（Versatile Video Coding），计划将 HEVC（High Efficiency Video Coding）编码效率再提升 50%。具有嵌套"四叉树＋多类型树"（Quatree with nested multi-type tree, QTMT）结构是对 VVC 的有效改进，它优于 HEVC 标准中的四叉树（Quad Tree, QT）结构。除递归 QT 分区结构外，递归多类型树（Multi-Trees, MT）划分也应用于每个叶节点，从而生成更灵活的编码块大小。此外，帧内预测模式从 35 个扩展到 67 个，以满

---

* 沈礼权，上海大学通信与信息工程学院研究员、博士生导师。主要研究方向：图像处理与视频编码。

安平，上海大学通信与信息工程学院教授、博士生导师。主要研究方向：智能视频处理、计算机视觉。

足各种纹理特征。这些新发展的技术实现了高编码效率,但也导致了超高的计算复杂度。针对这一难题,我们提出了由"四叉树+多类型树"划分决策和快速编码模式决策组成的快速帧内编码算法。该算法的贡献在于以下几个方面:(1)首先探索了新的块大小和编码模式分布特征,以寻求合理的快速编码方案;(2)提出了新颖的快速"四叉树+多类型树"划分决策框架,其通过新颖的级联决策结构确定四叉树和多类型树上的划分;(3)提出具有梯度下降搜索的快速帧内模式决策,自适应确立最佳初始搜索点和搜索步骤。实验结果表明,与 VVC 测试模型(VVC Test Model,VTM)相比,该算法的复杂度降低最大达到 70%,而 BDBR(Bjontegarrd Delta Bit Rate)增加 1.93%,平均可节省 63%的编码时间。与国际最新方法相比,提出的方法在计算复杂度和压缩质量方面具有更高的性能。到目前为止,该论文已被国内外著名研究团队正面评价 40 余次,入选 ESI(Essential Science Indicators)高被引论文。

方法谈

1.1 选题与立题

8K 超高分辨率、亮度高动态范围以及宽视场使新一代视频数据量激增几十倍。HEVC 等视频编码标准的编码效率已远不能满足 8K 超高清视频的压缩需求。MPEG(Moving Picture Experts Group)和国际电信联盟已开始着手新一代视频压缩编码标准(VVC)的制定。然而,新提出的 VVC 校验模型只能提高 25%的编码效率,远低于其预定目标。新采纳的编码预测结构和工具虽可提高编码效率,但使得 VVC 的编码复杂度较 HEVC 提升 25~35 倍,加之又主要针对超高分辨率视频,使其复杂度高到很难在实际中运用。8K 超高清视频压缩编码急需解决以下核心科学问题:(1)如何构建基于 VVC 的"比特率-质量-复杂度"数学关系以形成三者在预测结构和预测工具构建中的统一量化度量。(2)如何通过探索新一代视频的数据分布的新特性,构建高性能编码方法以提高 VVC 编码效率。(3)在编码复杂度和率失真模型联合约束下,如何构建优化 VVC 预测结构和预测工具的高效方法以最大限度降低 VVC 编码复杂度。我们论文寻找的突破点是在保持 VVC 高编码效率下大幅降低编码复杂度。

1.2 研究动机与关键问题

随着视频分辨率的不断提升,图像纹理越来越细致。相比于 HEVC 中"四叉树(QT)结构+33 种角度预测",VVC 中的"多类型树(QTMT)结构+65 种角度预测"能更好预测不同的纹理细节。但是,划分方式多样性和扩展的预测模式也会引入超高的复杂度,这是 VVC 面向应用亟需解决的关键问题。另一方面,目前的国际主流低复杂度算法尚未考虑新一代 VVC 标准的编码工具以及 8K 超高清视频新特点。我们的研究思路是先通过实验数据对 QTMT 的划分结构和预测模式的特性进行分析,进而提出高效的低复杂度 VVC 编码算法。本质上,编码单元尺寸和编码模式都是为了更好地对纹理进行预测,达到高质量、低码率的压缩效果。在实验之前,我们建立了以下三个设想:

(1) QTMT 划分方式的加入使得最优编码单元尺寸更适应局部纹理的变化。编码单元的形状不再受限于正方形,矩形尺寸编码单元被选择的概率大大增加,使得对编码尺寸的预测变得更复杂。

(2) 与 HEVC 一致,VVC 也使用基于拉格朗日乘子的率失真优化技术对编码比特和编码失真的统一度量。因此,理论上均质和平坦区域将采用大尺寸编码单元,以降低编码比特;纹理丰富区域将更多采用小尺寸编码单元,以降低预测残差。

(3) 分辨率的提升增加了视频内容的空间相关性,相邻编码单元的划分模式和预测模式更加相似。同时,VVC 中编码单元划分模式和预测模式与 HEVC 中有明显差异,面向 VVC 的模式相关性分布需要进一步探索。

为了验证上述分析,在不同内容特点的序列上分别实验统计了编码单元划分深度和预测模式的概率分布。实验选用了 7 个具有 8K 分辨率、不同纹理、不同运动特性的视频序列。在实验分析后,我们总结出以下结论:

(1) QTMT 树划分结构可以根据编码量化参数以及编码单元内容特性进行提前划分和终止划分；(2) 对于平滑、平坦区域采用大尺寸编码单元，可以对 QTMT 进行划分终止，将 QTMT 树结构中间节点提前确定为叶子节点，跳过剩余所有模式预测；(3) 对于纹理丰富区域，若提前决定采用小尺寸编码单元，则大尺寸编码单元上的模式预测同样可以跳过；(4) 若可以确定某区域采用正方形编码单元，则多叉树划分模式可以提前终止。

1.3 创新贡献与算法构建

通过对大量样本的统计学习，率先提出跳过率失真优化的"四叉树＋多类型树"划分决策方法，降低划分模式寻优过程的计算量。为了进一步降低帧内编码的计算负担，提出了基于一维梯度下降搜索的最优预测模式决策算法。我们的论文主要创新贡献在于：(1) 分析 QTMT 递归分区策略，并探索了编码单元深度分布，将 QTMT 分区建模为一个多二进制分类问题，并提出了基于数据驱动的"四叉树＋多类型树"划分决策方法。为了保持预测的准确性，还探讨了新颖的代表性全局和局部描述特征。(2) 研究了不同的快速编码单元划分决策框架以实现率失真性能与降低复杂度之间的权衡，针对 QTMT 递归编码架构，提出了新颖的级联快速编码单元划分决策框架。(3) 提出基于一维梯度下降搜索的最优预测模式决策算法，选择 Hadamard 代价为梯度下降的目标函数，搜索过程沿着 Hadamard 代价下降最快的方向进行。

提出算法主要包括两个部分：基于数据驱动的"四叉树＋多类型树"划分决策算和基于梯度下降搜索的快速帧内模式选择方法。基于数据驱动的快速"四叉树＋多类型树"划分决策算法的目的是对复杂的 QTMT 结构依据视频内容进行剪枝，跳过一些不必要尺寸的预测编码过程。基于梯度下降搜索的快速模式选择算法致力于减少模式粗选择和率失真优化过程中全搜索的模式个数。提出的 VVC 低复杂度编码框架如图 1 所示。对于每个待编码单元，首先进行特征提取，计算一系列特征对纹理特性和上下文相关性进行描述。将得到的特征输入到训练好的决策树分类器中，判断其是否需要划分成更小的编码单元。QTMT 的划分过程被抽象为多个分层的二分类问题，然后通过 5 个分类器对

QT、BTH、BTV、TTH 和 TTV（Quad-Tree、Binary-Tree Horizontal、Binary-Tree Vertical、Ternary-Tree Horizontal and Ternary-Tree Vertical）分别进行划分判断。整个决策过程通过提出的级联决策框架进行。在帧内预测时，如果所有的相邻编码单元均存在，则通过提出的基于梯度下降搜索的快速模式选择算法确定最优模式，否则通过帧内预测方式进行帧内编码。

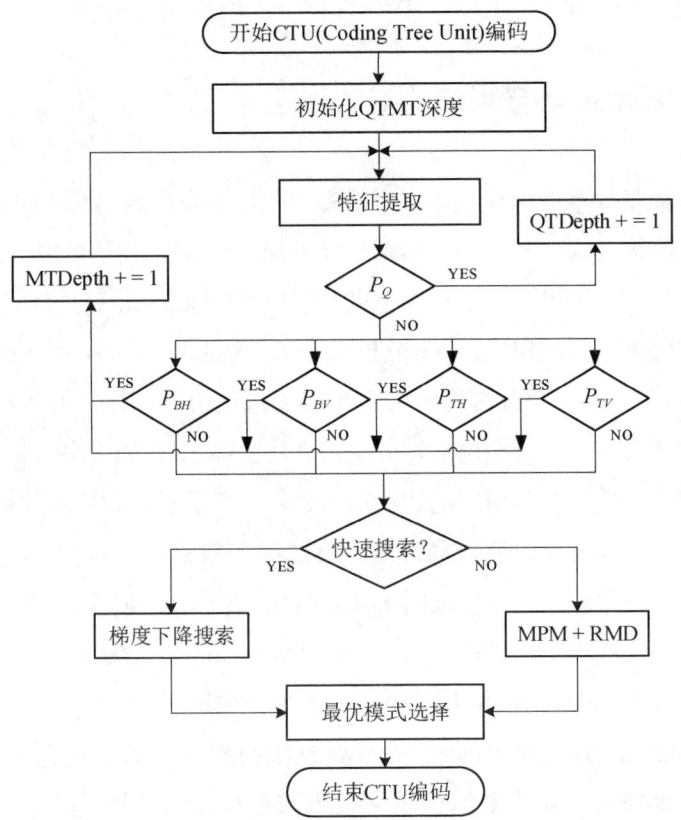

图 1 低复杂度 VVC 编码整体框架

1.4 实验验证与算法分析

为了验证我们所提出的快速 VVC 帧内编码方法，我们将数据驱动的低复杂度"四叉树＋多类型树"划分决策（CTU Structure Decision-statistical

案例 4：面向 VVC 视频编码的 CTU 划分结构决策和快速帧内模式决策

Learning，CSD‐SL）和最新预测模式决策方法（Fast Intera Mode Decision，FIMD）集成在 VTM‐2.0 的编码器中。通过与 VVC 最新测试模型（VTM‐2.0）和国际三个经典的算法的比较，验证提出算法的高效性和鲁棒性。

该论文的第五节给出了实验比较结果。提出的 VVC 低复杂度编码平均降低了 63% 的编码时间，而编码性能 BDBR 仅损失了 1.93%。提出算法对高分辨率、高比特深度的 A1 和 A2 序列的性能更好，这也与 VVC 未来的应用定位相符合。提出算法对不同序列性能的标准差均较小，验证了本算法的稳定性和模型的泛化能力。该论文的图 7（Performances of the proposed CSD‐SL，FIMD and Overall algorithms compared with VTM‐2.0 encoder of ParkScene. (a) RD Curves. (b) CR under different QPs）给出了实验比较的可视化图。从图 7（a）可以看出，我们提出的 CSD‐SL、FIMD 和整体快速编码算法的 R‐D 曲线与原始 VTM‐2.0 的 R‐D 曲线基本重合，反映出我们算法不仅取得显著的编码复杂度下降，同时几乎没有影响编码器的 R‐D 性能。从图 7（b）可以看出，提出算法性能对量化参数（Quantization Parameter，QP）变化的稳定性，我们算法在模型构建过程中考虑了 QP 对模式选择的影响，提高了模型鲁棒性。

为了得到更客观的性能比较，我们论文给出了性能优异的多个经典快速编码算法在 VTM‐2.0 上的编码性能，然后对各个算法的性能进行了比较和分析。论文采纳的比较算法包括基于深度学习的编码尺寸决策算法 CSD‐CNN（CTU Structure Decision-Convolutional Neural Network）、基于深度学习的分层划分终止算法 ETH‐CN 和联合编码单元决策算法 JCDT（Joint-Classifien Decision Tree Structure）。我们将三个性能优异的算法集成在了 VTM‐2.0 编码器中，以便使性能比较更加合理。对比 ETH‐CNN（Early-terminated Hierarchical-Convolutional Neural Network）、CSD‐CNN 和 JCDT 这三种算法，我们算法在复杂度降低和编码性能的保持上均取得领先，不仅有更少编码性能损失，还将计算量进一步减少了 30%。从算法的稳定性分析，我们算法在 BDBR 和 CR（Complexity Reduction）上的标准差都小于其他三种算法。尤其对于 Class F 中的序列，我们算法明显优于 ETH‐

CNN、CSD-CNN 和 JCDT 算法。基于以上实验结果和分析，我们的算法在编码性能和计算资源节省两个指标上均取得最好效果。对比实验还表明本算法的性能稳定，模型泛化能力强，性能优于目前国际上流行的经典算法。

1.5 构建论文研究动机、关键问题、创新贡献和算法验证环环相套的整体框架

论文研究动机、关键问题、创新贡献和算法验证需要前后呼应、环环相套。VVC 帧间编码复杂度为 HEVC 的 25 倍，而帧内编码复杂度更是达到了 35 倍之多，这严重阻碍了其在实际中的应用，这正是我们论文研究的动机。目前的国际主流低复杂度算法仅针对传统标准 HEVC，并没有考虑到新一代 VVC 标准的新编码工具以及 8K 超高清视频新特征/数据新分布，如先进的 QTMT 划分结构、扩展的角度预测模式、针对非平移运动的仿射运动补偿模式显著改善了 VVC 的压缩能力，同时进一步增加了 VVC 的编码复杂度，这是我们寻求的关键问题。论文创新贡献集中在 VVC 新问题和 8K 视频的新特性：分析了 QTMT 划分结构的特点，并结合不同 8K 超高清视频序列下 QTMT 划分深度分布的新规律和数据分布的新特点，研究了影响 QTMT 划分的各种因素；基于实验分析，建立了"四叉树＋多类型树"划分决策框架，提出基于置信度的快速模式决策，探索了最佳初始搜索点和搜索步骤。在实验分析环节中，我们将提出的低复杂度 VVC 编码方法与 VVC 最新标准测试模型进行比较，其可节省 63% 的编码时间，又将提出方法与目前国际上流行的多个典型算法进行比较，其可进一步降低 30% 编码时间，进而验证了引入 QTMT 特点和 8K 超高清视频新特征构建低复杂度编码框架的必要性，也验证了我们的算法解决 8K 超高清视频编码复杂度高难题的高效性。

1.6 论文发表后的反思

论文选题对于论文的发表和未来算法推广至关重要。新一代 8K 超高清视频给用户一种显著增强的观看体验，其发展备受关注。压缩编码理论和高

案例4：面向 VVC 视频编码的 CTU 划分结构决策和快速帧内模式决策

效算法是加快发展 8K 超高清视频的核心学术问题和产业化突破的关键，对促进我国广播电视、安全监控、博览等产业整体实力的提升具有重大意义。我们低复杂度 VV 编码研究工作将在 8K 高清视频国际标准制定过程中形成较多的核心算法和核心专利，为 8K 超高清电视未来的巨大市场提供关键技术和人才准备，提高我国的竞争力。

论文发表在视频编码顶级期刊 IEEE T-CSVT 上，它是第 1 篇发表在 IEEE/ACM Trans. 等权威期刊上关于 VVC 的论文。论文发表后，得到包括德国弗朗霍夫海因里希赫兹研究所（Fraunhofer Heinrich Hertz Institute, HHI）、柏林大学、法国雷恩大学、芬兰坦佩雷理工大学、比利时布鲁塞尔自由大学、韩国梨花女子大学、香港城市大学、北京大学等众多国内外著名研究机构的关注，被法国雷恩大学的 Menard 教授研究组评价为国际上"首个低复杂度多叉树递归编码框架"，被韩国 Kang 教授评价为"VV 编码的流行方法"。到目前为止（论文发表仅半年时间），该论文已被正面评价 40 余次，入选 ESI 高被引论文。预计它在 2021 年的引用将超过 100 次，将成为 8K 超高清视频低复杂度编码方法的比较标杆和研究基础。

案例 5：无进（借）位运算器的降值设计理论及其在三值光计算机中的应用

金 翊[*]

案例来源

严军勇，金翊，左开中. 中国科学 E 辑：信息 [J].2008，38（12）：2112-2122.

案例简介

该文全面论述了构造 n 值逻辑运算器的降值设计理论和使用方法，其中 n 为大于 2 的正整数。这个理论是作者在研究三值光学计算机的逻辑运算器过程中发现的新规律，它把构造 n 值逻辑运算器的艰难工作简化为选合不超过 $n\times(n-1)$ 个最简基元的输出信号。虽然 n 值逻辑运算器多达 $n^{(n\times n)}$ 种，但 n 值逻辑运算器的最简基元只有 $n\times n\times(n-1)$ 个，而且每个最简基元的输出都只有两个物理状态，即每个最简基元的输出都是二值信号。在这个理论指导下，作者很快建成了位数很多、位数可分组独立使用、每个位的计算功能可随时更新的三值逻辑光学处理器，随后又用 5 个不同的三值逻辑运算器构造了没有连续进位的 MSD（Modified Signed Digit）加法器和 n 值逻辑

---

[*] 金翊，上海大学计算机工程与科学学院教授、博士生导师。主要研究方向：三值光学计算机、多值逻辑运算器及应用。

电子运算器,从而为新型处理器奠定了位数众多、可重构、并行计算多种数据等优势。

2006年在上海大学计算机工程与科学学院攻读博士学位的严军勇接受导师金翊教授的指导,研究三值逻辑光学运算器,他分析了金翊教授在2003年构造的17种三值逻辑光学运算器,发现其中存在着一些基本单元,提出"找出所有的基本单元,用适当的基本单元构造各种三值逻辑运算器"的思想,金翊整理了严军勇的报告,认可了他的思路,于是论文的三位作者开始从理论上寻找所有的基元和构造三值逻辑光学运算器的规程。到2007年他们结合数学理论和物理学原理证明了构造n值逻辑运算器的降值设计理论,并设计了构造任意三值逻辑运算器的规范步骤。2008年三位作者用软件模拟方式对降值设计理论进行了仿真实验,2009年在其他研究人员参与下,完成了以软件方式进行重构的数十位三值逻辑光学运算器实物实验、以硬件方式进行可重构的千位三值逻辑光学运算器实物实验。2014年建立了千位三值逻辑光学运算器实验系统,2016年建成三值光学计算机原型机,2018年建成n值逻辑电子运算器实验和测试系统。在计算机科学领域树立了一个新的理论系统和构造多值运算器的新方法。

 方法谈

1.1 选题与立题

本论文选题源于作者科研工作中取得的重要成果。论文真实报道了所取得的学术新思想、新理论、新技术和新方法。

严军勇博士在研究三值逻辑光学运算器的工作中,敏锐地看到已经建立的17种三值逻辑光学运算器中包含有共同的简单光路单元,借鉴电子电路合取范式或析取范式彰显的用基本电路构造复杂逻辑电路的思想,他提出"寻找最基本的三值光路单元,用适当的基本单元光路构造各种三值逻辑光学运算器"的思想。这在当时是突破性思想。本论文正是以这个突破性思想选题和立题，经过约 2 年的研究，建立了降值设计理论。借此三值光学计算机研究后来居上，在 2014 年建成第一代三值光学处理器实验系统，在 2016 年 3 月 18 日建成稳定运行的三值光学处理器原型机——上海大学 2016（SD16），在 2018 年 12 月建成三值逻辑电子运算器。

本论文展示了"抓住深层规律的苗头，追究科学原理，建立可操控理论"的思想历程。

1.2 当时的研究状态与本论文的突破点

2007 年之前计算机领域完全是二值电子计算机世界。虽然在 20 世纪 60 年代，苏联学者也研究了三值电子计算机，但他们只是致力于三进制加法器，而且是完全模仿二进制电子加法器的构造思路，并没有涉及三值逻辑运算器领域。1998 年何华灿教授建立了泛逻辑思想，泛逻辑体系解释清楚了当时已知的各种逻辑分支的相互关系和转换规则，备受关注的模糊逻辑、柔性逻辑、多值逻辑、粗糙集逻辑都可以容纳到泛逻辑的框架内。本论文的主要作者金翊教授和严军勇博士都曾师从何华灿教授，学习泛逻辑理论，对逻辑学的重大成果比较熟悉。在这个背景下，金翊教授突破电子计算机采用二值逻辑和二进制计算的禁锢，提出三值光学计算机思想和结构，为构造多值计算机和柔性计算机开辟了新途径，并在 2003 年建立了 17 种三值逻辑光学运算器结构。2005 年，严军勇接续研究更多的三值逻辑光学运算器，在这个过程中他发现了三值光学运算器具有一些最简光学单元这一基本事实，就像找到了"矿苗"，在他不断地提议下，最终引起作者团队的关注，建立了意义重大的降值设计理论，铺设了构建多值逻辑运算器的大道。

本论文的突破点在于：结合数学推演和物理特性推演两个科学领域的理论互助，建立了构造多值逻辑运算器的降值设计理论。这个理论的建立单独依靠数学推演不能完成，单独依靠物理推演也不能完成，离开构造多值逻辑运算器这个前提也没有意义。所以这个理论是"数学推证＋物理推演＋逻辑运算器结构"的共同产物，典型的多学科融合。详情见原文 1.1 节、1.2 节和 1.3 节。

这个理论的结论请见原文摘要或 1.3.2 节。

1.3 本论文报道的理论研究成果

本论文报道的理论研究成果有下列 5 个方面。

（1）多值逻辑运算器的降值设计理论。如果用于表示信息的 n 个物理状态中包含一个特殊的物理状态（D 状态），则 $n^{(n \times n)}$ 个无进（借）位 n 值运算器都可以按照规范的设计步骤，组合 $n \times n \times (n-1)$ 个最简单的运算基元中的不超过 $n \times (n-1)$ 个而成。请见原文摘要或 1.3.2 节。

虽然每个最简基元的输出都是二值信号，但最简基元与现行电子数字计算机中使用的二值系统有下列根本不同：① 每个最简基元可用的输入状态都有 n^2 个。② 虽然每个最简基元的输出都是二值信号，但各个最简基元输出的信号不完全相同，且所有最简基元输出信号涵盖全部 n 值信号。③ 最简基元之间的差异在于：或者输出的二值信号至少有一个不同，或者输出相同信号所对应的输入信号不同。

（2）迭合运算。两个运算表元素进行迭合运算，本质上是对应的物理状态进行物理叠加，若物理叠加后的物理状态 P 仍然属于计算机中用来表示信息的物理状态，则迭合运算成立，否则迭合运算不成立。

这里是把物理状态的物理叠加性用数学符号表示，并采用数学推演形式来表达物理状态的变更。而常见的物理公式是用数学语言描述多种物理量之间的因果规则。两者都涉及物理状态和数学表达。但迭合运算不涉及"多个物理量"，也不涉及"物理量之间的因果关系"，仅仅讨论"物理状态的叠加"。具体内容请参阅原文的 1.2 节。

（3）分解定理。该定理是对迭合运算的反向表达。它揭示：一个复杂的物理状态可以分解为多个简单的物理状态的迭合。由此奠定了构造复杂的多值逻辑运算器的基石。详见原文 1.3 节。

（4）多值逻辑运算器的降值设计规范。该规范把降值设计理论落实为可自动执行的具体步骤。从而使任何多值逻辑运算器都具有了可重构性。该规范为：① 写出运算表 $L_k(n)$。② 确定 D 状态和迭合器。③ 用 D 状态表示 $L_k(n)$ 中的某个运算结果，通常取 $L_k(n)$ 中出现最多的运算结果。④ 确定

$L_k(n)$ 中各 τ_i 元素对应的物理状态 λ_i。⑤ 用③和④选定的物理状态表示 $L_k(n)$ 的各元素，记为 $L'_k(n)$。⑥ 对 $L'_k(n)$ 应用分解定理。⑦ 设计所需的运算基元 $\mathbf{A}_h(n)$。⑧ 用迭合器实现各运算基元 $\mathbf{A}_h(n)$ 输出态的物理叠加，构成运算器 $\mathbf{P}_h(n)$。（详细内容见原文第 1.3.2 节。）

（5）给出了最简运算基元的特征。这个特征使的降值设计理论更好理解和使用，也是用"降值设计"来命名这个理论的根源。详见原文 1.4 节。

1.4 本论文报道的实验验证工作

本论文中以构造三值逻辑 ©² 运算器的设计过程为例，详细说明降值设计理论的应用方法，最后给出这个设计的物理实现及实验过程与结果。具体内容参阅原文的 2.1、2.2、2.3 和 2.4 节。

这个三值逻辑运算器的真值表为：

$$L_k(3) = \begin{array}{|c|c|c|c|} \hline ©^2 & 0 & u & 1 \\ \hline 0 & 0 & u & u \\ \hline u & u & u & u \\ \hline 1 & u & u & 1 \\ \hline \end{array}$$

三值光计算机用于表示信息的三个稳定物理状态是无光态、水平偏振光态和垂直偏振光态（分别用 W、H 和 V 表示）。无光态作为 $\mathbf{D}$ 状态，半反半透镜作为迭合器；用无光态（$\mathbf{D}$ 状态）表示 $L_k(3)$ 中出现最多的符号 u；用水平偏振光态（H）表示 0，用垂直偏振光态（V）表示 1；则用物理状态符号改写真值表为：

$$L'_k(3) = \begin{array}{|c|c|c|c|} \hline ©^2 & W & V & H \\ \hline W & W & W & W \\ \hline V & W & V & W \\ \hline H & W & W & H \\ \hline \end{array}$$

对 $L'_k(3)$ 应用分解定理，得到基元表 $BL_1(3)$ 和 $BL_2(3)$：

$$L'_k(3) = \begin{array}{|c|c|c|c|} \hline BL_1(3) & W & V & H \\ \hline W & W & W & W \\ \hline V & W & V & W \\ \hline H & W & W & W \\ \hline \end{array} + \begin{array}{|c|c|c|c|} \hline BL_2(3) & W & V & H \\ \hline W & W & W & W \\ \hline V & W & W & W \\ \hline H & W & W & H \\ \hline \end{array}$$

设计 $BL_1(3)$ 和 $BL_2(3)$ 对应的运算基元 $A_1(3)$ 和 $A_2(3)$；用迭合器物理迭加 $A_1(3)$ 和 $A_2(3)$ 的输出，构成运算器 $P_h(3)$。

$A_1(3)$ 的光路见原文的图 1，$A_2(3)$ 的光路见原文的图 2，$P_h(3)$ 的光路见原文的图 3，这三个图从原文中摘取如下：

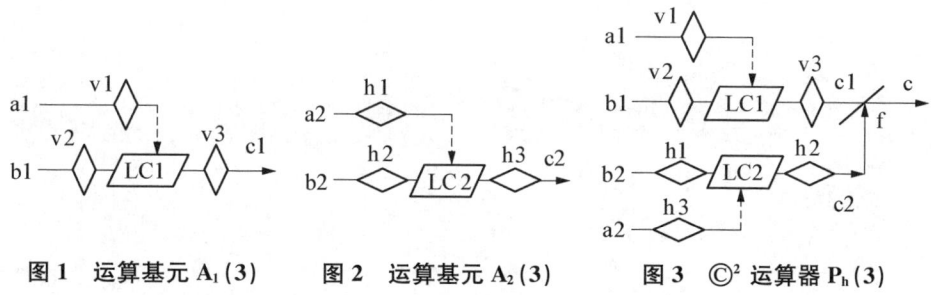

图 1　运算基元 $A_1(3)$　　　图 2　运算基元 $A_2(3)$　　　图 3　$©^2$ 运算器 $P_h(3)$

1.5　论文框架

论文版面上的框架与其他论文没有大的区别，符合《中国科学 F 辑》的版面要求。

在内容组织方面，第一步先定义了物理状态集合、表达的信息集合、D 物理状态、运算基元表、迭合运算与迭合器等叙述本理论必需的几个新概念和技术名词。这是为了在文章的后续部分与读者建立统一的语境和规范的概念，避免描述和理解之间的歧义，也会增加文章的清晰度和简洁性。第二步证明最关键的基本原理——分解定理。这是物理规则与数学规则的结合点。第三步将理论结论可操作化。体现在制定了多值逻辑运算器的设计规范。第四步证明这个理论的实际作用和有效性，论文的第二大部分详细描述了这个内容。

1.6 后续工作

论文撰写期间作者就开始构造可重构的三值逻辑光学运算器，到 2016 年建成了三值光学计算机原型系统 SD16，使三值光学计算机从纸上跃升到实物。目前作者已经研发了三值光学计算机的编程平台，开展了多项应用研究。可重构多值逻辑运算器的优势已经日益被人们了解，降值设计理论开创的可重构多值逻辑运算器必定越来越受重视。

案例6：基于非正则高斯信号的信息和能量协同传输网络的研究

方 勇　余鸿文*

 案例来源

Yu H W, Tuan H D, Duong T Q, et al. Improper gaussian signaling for integrated data and energy networking [J]. IEEE Transactions on Communications, 2020, 68 (6): 3922-3934

DOI: 10.1109/TCOMM.2020.2981332.

案例简介

随着无线通信技术和物联网（Internet-of-things, IoT）的发展，在无线信道中协同传输信息和能量成为下一代通信的关键技术之一，该技术的目标是使基站能够在同一信道高速率传输信息信号的同时持续的传输能量。在撰写本论文时，主要有两种方案用于实现该目标，一种是无线携能通信（Simultaneous Wireless Information and Power Transfer, SWIPT）方案，另一种是基于时隙分配的信息和能量传输（Time-Fraction-based Information and Power Transfer, TFIPT）方案。论文主要对TFIPT方案进行了研究，该方案对单位时隙进行分配，采用部分单位时隙进行能量传输，然后将剩余单位时隙用于信息信号

---

* 方勇，上海大学通信与信息工程学院教授、博士生导师。主要研究方向：通信信号处理、智能信息系统。
余鸿文，澳大利亚悉尼科技大学博士研究生（双学位）。主要研究方向：毫米波通信、携能通信。

的传输,其具有便于应用的优点,且性能优于 SWIPT。与正则高斯信号广泛应用于信息和能量协同传输网络不同,论文中提出了一种基于非正则高斯信号的预编码凸优化算法,该算法可以在任何场景提高传输网络的吞吐量,且具有用户端信号处理复杂度低,信息安全性高的优点。然而,基于非正则高斯信号的优化算法由于涉及 2 倍于基于正则高斯信号的优化算法的决策变量,且其吞吐量表达式为对数模表达式,故算法复杂度十分高。因此,我们在基于非正则高斯信号的算法上进一步设计了一种基于简化非正则高斯信号的预编码优化算法,该算法通过将线性预编码应用于非正则高斯信号,在提高传输网络吞吐量的同时,降低了算法的复杂度。仿真结果表明,两种算法都至少收敛于局部最优解,且基于非正则高斯信号的优化算法的表现优于基于正则高斯信号的算法。在本论文中,我们简要介绍了该论文的选题和背景,讨论了论文的创新,逻辑和结构,并在最后一部分中分享了写作技巧。希望这些经验可以帮助研究者,激发他们的研究兴趣,提高他们的写作技巧,并为他们将来的学术论文写作打下坚实的基础。

方法谈

1.1 选题目标

随着无线通信技术的发展,物联网(IoT)设备的广泛应用,百亿甚至千亿级别的物联网设备接入到无线通信网络中,初步实现了万物互联的目标。然而,大多数物联网设备由于有线供电的困难选择了电池供电,但电池的寿命有限,更换电池造成的人力成本巨大,而风力、太阳能充电又对环境有着较高的要求,电能接续也成为物联网能否进一步普及的关键。

针对电能续接问题,下一代通信技术对信息和能量协同传输技术进行了探索和研究,该技术能够广泛用于各类移动终端之间的信息交换与能量传输,可以在实现高速信息交换的同时,通过提取接收信号中的能量有效地向各种终端设备馈电,从而取代传统有线或电池供电所带来的不便,极大地延长了待机时间，因此有着广阔的应用前景。同时课题组在无线通信网络性能优化方向上有着充足的积累，结合已有的研究基础和积累，我们选择了对下一代无线通信技术中信息和能量协同传输进行研究，具有理论和应用研究价值，符合当前无线通信研究领域中的研究课题应具有的重要性、创新性、前沿性、可行性和适合性等特性，研究成果也具有很强的可参考性。

1.2 研究现状和突破点

通过对信息和能量协同传输技术进行调研发现，无线能源传输通常采用 13 nm CMOS 技术，该技术要求用户端接收的信号功率超过 -21 dBm，否则无法对设备进行充电，然而，无线通信系统中传输的信号功率都较低，对能量传输提出了更加严峻的挑战。目前，研究者通常采用无线携能通信技术以达到能量和信息协同传输的目的，但是该方法在实际应用中需要一个十分复杂的功率分配器在接收端完成功率分配或者时分交换，同时，由于其必须使用一个预编码矩阵对能量信号和信息信号进行编码，通常无法兼顾通信质量和能量传输效率。近期，有研究者提出了基于时隙分配的信息和能量传输技术，该技术对单位时隙进行分割，令分割后的时隙分别完成信息传输和能量传输。课题组成员经过讨论，认为该技术采用不同的预编码矩阵对能量信号和信息信号进行预编码，可以兼顾能量传输效率和信息传输质量，同时由于时隙优化在发送端完成，降低了对接收端设备的要求，使其有着更广泛的应用。

与此同时，课题组成员也注意到目前对信息和能量协同传输的预编码优化都是在正则高斯信号下进行的。基于圆对称复高斯信号的正则高斯信号因为其易于分析和设计而被广泛使用，但是其无法利用信号的协方差和伪协方差信息，所以要求多用户干扰被完全抑制，否则无法达到最优可行解。目前常用的基于非正交多址正则高斯信号的预编码方法虽然可以有效降低多址干扰，但是危害了用户信息的安全性。因此，寻找一种安全、可靠且高效的预编码方法具有非常大的理论意义和现实应用价值。

通过文献调研发现，基于非正则高斯信号的预编码优化方法具有对用户干扰的抑制没有要求、不会危害用户信息安全、用户端解码复杂度低的优点,且在多样化的实际场景中有着优于正则高斯信号的表现,是信息和能量协同传输的预编码优化的一种潜在的可行方案。

综合上述调研,课题组成员针对多小区信息和能量协同传输场景,以提升系统的频谱效率为目标,对时隙分配和非正则高斯信号进行研究,设计了联合优化算法,完成了论文的撰写。

1.3 课题论证

课题论证是科研过程中必不可少的环节,主要分为论点、论据和论证三部分。论文在第一部分对研究现状进行了分析,表明了无线携能通信必须使用同一个预编码矩阵对信息信号和能量信号进行预编码,而由于信息信号和能量信号分别需要抑制噪声和放大功率,很难取得平衡,与之相对,基于时隙分配的信息和能量传输通过时隙分配使得信息和能量传输可以使用不同的预编码矩阵,从而能够在信息传输中有效抑制噪声,而在能量传输中放大信号功率,更加契合信息和能量协同传输机制。随后,比较了正则高斯信号和非正则高斯信号的特点,说明了正则高斯信号由线性编码构建,而非正则高斯由广义线性编码构建,并通过论文中引用文献[12—33]的结论,提出了非正则高斯信号在多样化实际场景的频率效率优于正则高斯信号,且具有更好的信息保密性这一论点。

论文在第二部分构建了多小区通信模型,并设计了基于非正则高斯信号的预编码优化算法,该部分详细介绍了优化算法的推导,论证了非凸目标函数和非凸约束转化为凸目标函数和凸约束的可行性,同时,对算法的复杂度进行了讨论。第三部分设计了基于简化非正则高斯信号的预编码优化算法,通过引入变量 q_{s,d_t},将非正则高斯信号构建所需要引入的变量从 $2N_t$ 降低为 N_t+1(N_t 为基站天线数),算法的复杂度也从 $O((1+N(K+M+1))^{2.5}((NN_t(K+2M)+3)^2+1+N(K+M+1)))$ 降低为 $O((1+N(2K+4M+1))^{2.5}((N[M(N+N_t+1+3M)+K]+3)^2+1+N(2K+4M+1)))$(其中 N 为小区数,K 为能量采集用户数,M 为信息用户数，N_t 为基站天线数），并在公式推导过程中，论证了当 $q_{s,d_l} \equiv 0$ 时该信号为正则高斯信号，即正则高斯信号是非正则高斯信号的一种特殊情况（其协方差和伪协方差为零）。为了实验的可重复性，论文在第三部分 C 小节中给出了所提算法初值的求解方法。

在第四部分，论文通过控制变量的方法对基于正则高斯信号、非正则高斯信号算法和传统优化算法的性能进行了比较，仿真结果表明基于非正则高斯信号的预编码优化算法优于基于简化非正则高斯信号的预编码优化算法，而上述两种算法均优于传输基于正则高斯信号的 NOMA（Non-orthogonal Multiple Access）和 OMA（Orthogonal Multiple Access）算法，同时对时隙分配进行优化后得到的结果优于直接将时隙均分进行能量和信息传输得到的结果。这些仿真结果支撑了第一部分提出的基于时隙分配的信息和能量传输优于携能通信，非正则高斯信号优于正则高斯信号这两个论点。

1.4 仿真验证

论文在该部分模拟实际通信场景，搭建了仿真实验平台，对所提算法在多场景、多条件下进行了仿真实验，验证了所提算法的可行性，同时证明了论文理论推导的正确性。论文 Fig. 2：NOMA favored scenario 为对 NOMA 有利的传输场景，其中 K 名能量采集用户 (i, e_j)，$j=1$，…，K 同时也是信息传输用户，它们分布在各自基站附近。剩余的 K 名信息传输用户 (i, d_j)，$j=K+1$，…，$2K$ 分布在靠近小区边界的位置，相比信息传输用户 (i, d_j)，$j=1$，…，K，其信道条件更差，且受到小区间干扰更加严重。这种场景下，信息用户 (i, d_j)，$j=1$，…，K 与信息用户 (i, d_j)，$j=K+1$，…，$2K$ 的信道情况具有较大差异，有助于 NOMA 接入方法的表现优于传统的 OMA 接入方法。图 7 所示为常规传输场景，M 名信息传输用户随机分布于能量采集范围之外，不再同时作为能量采集用户，所以信息传输用户的信道条件不具备差异性，NOMA 方法在该场景下频谱效率和能效较低。本小节在本场景下对提出的 IGS 和 s-IGS 算法与基于 PGS 正交多址接入算法（OMA）进行了比较（正交多址接入方法只对自身信息进行解码）。

图 3 中将论文提出的算法于传统基于正则高斯信号的 NOMA 算法的收敛所需要的迭代次数进行比较，基于正则高斯信号的 NOMA 算法需要的迭代次数较少，而 IGS 和 s-IGS 需要类似的迭代次数，但是由于 s-IGS 在优化算法中涉及的变量较少，算法复杂度相比 IGS 有着明显的降低。

图 4 对两种场景下，所提算法和传统算法的性能在不同传输天线下进行了比较，仿真表明 IGS 和 s-IGS 算法的表现都优于 NOMA。s-IGS 算法为 IGS 算法的一种特殊形式，故 IGS 算法的表现优于 s-IGS 算法。所有的算法都受益于无线传输的空间多样性，即基站的天线数量 N_t。由于对时隙的使用更加充分，基于时隙分配的优化算法性能优于采用一半时隙进行能量采集，采用剩余时隙进行信息传输产生的结果。

为了进一步证明算法的普适性，论文还对所提算法和传统算法在不同传输功率和不同能量采集门限条件下尽量比较，分别如图 5 和图 6 所示。不难发现，随着传输功率的增长和能量采集阈值的降低，能够用于信息传输的功率增加，用户能够获得最小可获得吞吐量增加。IGS 算法和 s-IGS 算法相比 NOMA 算法对传输功率的利用更加充分，且 NOMA 算法对传输功率的提升不敏感，而 IGS 与 s-IGS 算法通过对额外的预编码 $w_{2,s,dl}$ 以及协方差 $q_{s,dl}$ 的优化，充分利用了传输功率，提升了吞吐量。当然，由于该通信网络为有限干扰通信网络，当传输功率达到一定阈值后，IGS 和 s-IGS 算法也无法继续通过提高传输功率来提升吞吐量。

表 1 和表 2 分别提供了 IGS、s-IGS 和 PGS OMA 三种算法在 NOMA 传输和常规传输两种场景中不同天线数下所需的迭代次数，对所提算法的性能进行了补充说明。从结果可以看出，当 N_t 较小时，算法的可行解范围变得更窄，使其需要更多的迭代次数。

1.5 论文框架

科技论文应基本遵循"研究背景—研究现状—研究方法/设计—研究结果—总结"的写作框架。本论文在引言部分首先引出了物联网传输对能量与信息协同传输的需求，随即对该技术所需要达成的目标进行了说明，即研究背景。然后进行了文献分析，对当前研究的方向和成果，如无线携能通信、基于时隙分配的能量传输等进行了归纳和总结，并提出不足，在该部分的最后概括了本论文针对目前研究的不足提出的解决方案，对应了研究现状部分。在研究内容部分，首先构建了课题所使用的系统模型，如图 1 所示，并基于该模型设计了算法，对算法进行了推导与分析，研究内容如果包含多个算法/方案，应概括区分，如论文将非正则高斯算法和简化非正则高斯算法分别安排在 II. SYSTEM MODEL FOR IMPROPER GAUSSIAN SIGNAL PROCESSING 和 III. SIMPLIFIED IMPROPER GAUSSIAN SIGNALING 章节中，该部分对应了研究方法、设计。在仿真部分，设计对比实验，采用控制变量法对所提出的方法进行了仿真，仿真应尽可能模拟现实环境，详细介绍各参数数值，使仿真结果具有可重复性，并将仿真结果与研究方法的理论分析进行验证，该部分对应研究结果部分。最后对全文提出的内容进行总结，提炼出一个普适的理论，并分析论文的不足之处，提出未来研究的规划，例如本论文在 V. CONCLUSIONS 中对所提算法进行了总结分析，并提出了下阶段的研究方向——大规模 MIMO 下 IGS 信号在能量采集网络的应用。

1.6　摘要、引言、总结的内在逻辑

科技论文的摘要、引言和总结是论文的重要组成部分，它们各不相同却紧密联系。

摘要是一篇简短的小节，阐述论文的目的及主要结论，应遵循简明、严谨的写作方式，用几句话分别概括研究背景、研究目标、研究方法和结论，以本论文为例，摘要的第一句介绍了论文的研究目标，即多小区场景下行用户单位时隙内的能量和信息传输；在第二句到第四句介绍了目前的研究方案，也是论文比较的对象，基于正则高斯的能量和信息协同传输；在第五句和第六句概括了本论文提出的研究方法和结论，说明了本论文提出了两种基于非正则高斯的预编码优化算法，且仿真结果优于目前研究采用的基于正则

高斯信号的优化算法。

引言的主要内容包括该研究的研究背景、意义、发展现状和论文使用的关键技术的概述,并在最后引出自己的具体研究内容。在写作上,应采用事实性的描述手法,并尽量通过参考文献论述自己的观点。如果论文中有较多的数学符号,应在引言的最后部分对其进行简单的定义。本论文在引言的第一段介绍了该课题的背景和意义,引出了信息能量协同传输的概念。在第二段和第三段中对目前常见的信息和能量协同传输技术——无线携能通信和基于时隙分配的能量传输进行了概括和归纳,简明地介绍了其核心技术,并分别就频谱效率和信息保密性进行了比较,需要注意的是,论文引用了参考文献 [2—11] 对所提出的每个定义进行了佐证。引言就正则高斯信号和非正则高斯信号进行了简单的介绍和分析,通过参考文献 [12—34] 对两者的应用场景、数学定义、性能、算法复杂度逐一进行了分析和比较。第二、第三段和第四段分别说明了基于时隙分配的能量传输和非正则高斯信号的优势,于是论文采用了上述两种技术,设计了信息和能量协同传输方案,并在引言的最后部分进行了简单的说明。

总结是全文的升华,归纳文章提出的观点,说明论文提出的方法的优越性,对下一步的研究进行展望。本论文在该部分首先对论文的研究进行了总结,即设计了多小区信息能量协同传输场景基于 IGS 和 s-IGS 的预编码优化算法。紧接着,从理论和仿真结果两个方面,与传统基于正则高斯信号的 NOMA 算法进行了比较,说明了所提出算法的优势。最后,对下一步的研究方向进行了说明。

三者虽然在内容上有部分重合,但句式、措辞应该有所区分。另外需要注意的是,摘要不讨论下一步工作,总结不讨论课题的研究背景。

1.7 总结

论文发表后应对该阶段的科研工作进行小结和思考,这对论文写作水平的提高以及未来科研工作的安排都有很大帮助,小结中可以探讨"该研究领域是否还有其他有价值的研究方向""论文设计的方法是否还有其他发散性的应用""论文的不足之处是否能在下阶段研究中克服"等问题。以本论文为例,在工作小结中,我们认为非正则高斯信号在预编码优化上有着十分出色的表现,可以与其他先进的通信技术相结合,于是,通过对当前一些前沿的技术进行文献阅读,选择了可重构大型智能反射面作为切入点,将其与非正则高斯信号、能量采集相结合进行研究,并在之后一年时间内,在该方向上完成了两篇论文撰写。

案例 7：基于毛细管 zigzag 传输的微球谐振腔耦合器

张小贝　杨　勇　王梓杰　王廷云*

 **案例来源**

Yang Y, Zhang X B, Liu X C, et al. In-fiber zigzag excitation for whispering-gallery modes via evanescent wave and free space coupling [J]. Optics Express，2020，28（21）：31386 - 31396

　　DOI：10.1364/OE.401894

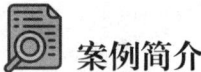 **案例简介**

　　回音壁模式（Whispering-Gallery Mode，WGM）微腔由于其超高的品质因子和极低的模式体积，可极大地增强光与物质的相互作用，因此可广泛应用在高灵敏度传感器、低阈值激光器和腔量子电动力学等领域。在对此类结构进行研究时，一个关键问题就是如何把光耦合进或耦合出 WGM 微腔。为了解决此问题，研究人员提出了包括棱镜耦合、光纤锥耦合和腐蚀的空心光纤耦合等多种耦合方案。棱镜耦合虽然可以调节耦合间距和入射角度，但

---

* 张小贝，上海大学通信与信息工程学院教授、博士生导师。主要研究方向：特种光纤器件、光学微腔、光电信息技术。

　杨勇，上海大学通信与信息工程学院博士研究生。主要研究方向：光学微腔。

　王梓杰，上海大学通信与信息工程学院博士研究生。主要研究方向：光学微腔。

　王廷云，上海大学通信与信息工程学院教授、博士生导师。主要研究方向：特种光纤、光电信息处理。

存在着体积大、不易集成的缺点；光纤锥耦合拥有最高的耦合效率但存在易断、受外界干扰大的缺点；腐蚀的空心光纤耦合方案不同于前两者，其属于反射型的结构且不用精密对准调节，这就为实验研究和应用提供了便捷性。然而为了提高耦合效率，空心光纤需要进行化学腐蚀，因此存在着机械性能较差和表面不平整等缺点。再者就是此类结构仅实现了倏逝场耦合，没有考虑自由空间耦合的可能性。因此，我们实现了一个基于简单的大内径空心光纤（毛细管）的耦合器，通过倏逝场和自由空间两种耦合方式激发微球谐振腔的 WGM。为了简化空心光纤耦合器的结构和避免化学腐蚀，我们选取了一种大内径的毛细管，该结构通过增加毛细管的内径避免了化学腐蚀。耦合器简单地由单模光纤、毛细管和变形的微球谐振腔构成，通过仿真验证了光在这样的结构中以"之"字形传输。实验中通过设置熔接机的放电参数，可以获得不同大小锥顶角的器件，并且通过射线光学模型，我们得到了毛细管的锥顶角与毛细管壁厚对光线"之"字形传输的影响。结果表明当锥顶角较小时，毛细管中的光通过倏逝场耦合进微球谐振腔内，这时候反射谱的 WGM 有清晰的自由光谱范围（Free Spectral Range，FSR）包络；当锥顶角较大时，毛细管中的光通过自由空间耦合进微球谐振腔内，这时反射谱 WGM 谐振峰紧凑、强度较为平均但没有清晰的 FSR 包络，这是因为此时该结构首先激发了混沌海模式，然后通过动态隧穿耦合进 WGM 中。这样的耦合结构可以作为一个基本单元，有潜力应用在光子集成设备中，具有紧凑、简单、灵活的特点。

方法谈

1.1 选题与立题

本论文的选题以本课题组的研究方向，即特种光纤器件、光学微腔和光纤传感技术为基础，关注科研前沿和热点。近年来，随着微纳光电子技术加工方式和加工工艺水平的提高，以微腔为代表的微纳光子器件迅速发展。常见的微腔可大致分为三类,即法布里珀罗(Fabry-Perot,F‐P)微腔、光子晶体(Photonic Chrystal Fibers,PCF)微腔以及回音壁模式(WGM)微腔等。由于回音壁模式微腔具有超高品质因子和极低的模式体积而被广泛关注并研究,其一大应用前景就是可用作小型低功率光电器件。

在 WGM 谐振腔的研究中,如何高效稳定地将光耦合进和耦合出微腔是至关重要的一步,常用的方法是基于倏逝场的棱镜耦合、光纤锥耦合和空心光纤耦合。其中棱镜耦合灵活有效且可调节耦合间距和入射角度,但系统较大,不易集成;光纤锥耦合有极高的耦合效率,但要求锥腰直径小于 $2~\mu m$,使得光纤锥易碎且对环境扰动敏感;而近年来,基于空心光纤的在纤式耦合结构受到了人们的广泛关注,具有反射式、免对准等优点。为了提高耦合效率,空心光纤需要进行化学腐蚀,降低了器件的鲁棒性,而在很多研究中仅考虑了倏逝场耦合的情况。因此,我们提出了一种无须化学腐蚀的、在纤式耦合结构并对其存在的多种耦合机理进行研究。

1.2 研究现状与突破点

光学微腔由于其优异的光学特性在近些年得到了广泛的研究,研究结果已表明其在传感器、激光器、滤波器及非线性光学等领域都有巨大的应用潜力。因为缺乏一种耦合机理简单且稳定性强的耦合结构,从一定程度上说回音壁模式微腔的研究仍处于实验室应用基础研究阶段。因此找到一种简单且有效的耦合方案成了当务之急。在纤式耦合结构的提出为研究人员提供了一种新思路,不同于其他传统的透射式耦合结构,该结构属于反射式,且具有结构紧凑、免对准和易于集成的特点。随后,各种微结构光纤被用来构建在纤式耦合结构,比如腐蚀的 PCF、锥形内壁毛细管、拉锥的空心环形光纤和双芯空心光纤等。其中腐蚀的 PCF 和锥形内壁毛细管都需要进行化学腐蚀,这不仅会降低器件的机械稳定性而且会导致器件表面的不平整,而拉锥的空心环形光纤和双芯空心光纤都需要特定的光纤结构,使得工艺更加复杂的同时成本也较高。且这些耦合结构均只考虑了倏逝场耦合,没有考虑自由空间耦合的可能性。

本论文突破点和创新思路的产生是建立在对研究现状的分析之上的。只有充分了解目前该领域的研究现状，知道该领域的研究进展和所遭遇的瓶颈，发现其中存在的不足和空白并将其作为突破点，其相应的解决方案即是创新思路。为了解决回音壁模式耦合问题，我们也设计了一系列采用了化学腐蚀或具有特殊结构的空心光纤器件结构，实验验证了器件的有效性。基于此，为了简化空心光纤耦合器的结构又避免化学腐蚀，我们提出了一种采用大内径空心光纤（毛细管）组成的耦合器。如原文图 1 所示，该结构由毛细管、单模光纤和微球谐振腔简单构成，无须复杂制作工艺，且光束在此结构中能以"之"字形进行传输，具有多种耦合机理。

1.3 理论创新

理论创新的基础是对现有理论的掌握和熟练运用，作者认为理论创新大体分两类，一种是只需稍加调整现有理论即可成功应用于新情形，另一种是必须提出新理论才能成功应用于新情形。所提出的耦合结构的制备仅需光纤熔接机，首先将内径为 $75~\mu m$、外径为 $125~\mu m$ 的毛细管与 SMF（Single Mode Fiber）熔接，通过调节放电参数可以在熔接点附近形成锥区，可用来将微球腔稳定束缚在锥区拐点处（Inflection Point of the Cone，IPC）。从 SMF 输入的光到达锥区后向锥角附近反射到达第一外反射区（First Outer Reflective Region，FORR），然后再次反射到达第二内反射区（Second Inner Reflective Region，SIRR），整个传输示意图如原文图 1 所示。随后根据器件锥顶角的不同，光束可以通过倏逝场或自由空间耦合进微球腔内，最后光通过另一侧以相反的方向回到 SMF 中。

不同的器件结构和尺寸决定了 SIRR 和 IPC 的相对位置，我们利用几何光学分析 SIRR 的位置。以拐点（IPC）为参考点，SIRR 的位置可分为 5 种：在耦合区之后（after coupling region，ACR）、在拐点之后（after IPC，AIPC）、在拐点之上（On IPC，OIPC）、在 IPC 之前（before IPC，BIPC）和在耦合区之前（before coupling region，BCR）。其中，AIPC、OIPC、BIPC 都是有效的，即当 SIRR 处于这三种情况时只要微球位于拐点附近就可以激发出回音壁模式。当 SMF 的光进入毛细管时会激发多个模式，多个模式通过干涉形成"之"字形传输路径。因此从光学模式的角度来看，"之"字形传输是由多模干涉造成的。为了研究这 5 种位置情况的过渡，采用原文中的不等式（1）和（2）来判定 SIRR 的位置。根据不等式，可以作出如原文图 2 所示的 SIRR 位置的分布区域图。横坐标为锥顶角大小，纵坐标为毛细管壁厚，5 种颜色代表 5 种情况。可以看出随着坍塌长度 s 的变大，蓝色实线和虚线都会下降，即有效耦合的区域会变得更大。实验上可以通过制备具有不同锥顶角的器件、放置不同尺寸的微球并测量相应的反射频谱来验证上述理论。

1.4 实验验证与仿真验证

实验验证的前提是制备出符合理论预设的器件，然后通过实验数据来支持理论创新的正确性。实验中，使用光纤熔接机制备整个器件，通过控制熔接机的熔接时间和放电功率，熔接毛细管和 SMF 的同时在熔接处附近制备出锥顶角。如原文图 3 所示，我们设置熔接时间为 1 000 ms，系统研究了放电功率对锥顶角的影响。结果表明，随着放电功率逐渐增加，由于毛细管坍塌速度越来越快，锥顶角也越来越大；且放电功率越高，器件的坍塌长度 s 越长。由于过小的放电功率将导致在熔接端面形成微泡，因此实验中可制备最小的锥顶角为 18°，想要获得更小的锥顶角就需要对锥形区进行拉锥处理。我们制备并选取了 4 个典型的锥顶角器件，锥顶角分别为 9°、18°、25° 和 33°。它们的 SIRR 位置分别属于 ACR、AIPC、OIPC 和 OIPC。由于实际制备出的器件具有较大坍塌长度 s，所以无法制备出 SIRR 属于 BIPC 和 BCR 的器件。在制备出不同锥顶角的器件后，将毛细管切至 1 mm 长，然后通过精准光纤位移台和光纤锥将折射率为 1.92 的钛酸钡玻璃微球嵌入毛细管内。

原文图 4（a）～（d）分别是锥形顶角为 9°、18°、25°和 33°时器件的反射谱。实验中将两种尺寸微球置入锥区内，一种直径约为 55 μm，称为小微球；另一种直径约为 70 μm，称为大微球。当它们被锥区锁紧时，前者位于锥区的中间位置，而后者位于 IPC 附近，小微球的光谱为蓝色，大微球光谱为红色。当锥顶角为 9°、SIRR 属于 ACR 时，无论塞入哪种尺寸微球，光谱中都没有明显的谐振峰。由于锥的轻微塌陷，SIRR 稍微向锥尖移动，所以在置入大微球时 1 585 nm 处出现小共振峰。当锥顶角为 18°、SIRR 属于 AIPC 时和锥顶角为 25°、33°，SIRR 属于 OIPC 时，置入大微球时，反射谱具有 WGM 谐振峰，而置入小微球时没有 WGM 谐振峰。原文图 4（b）中的耦合器 B 与图 4（c）中的耦合器 C 具有不同的光谱特征。对于耦合器 B，其 FSR 包络线清晰，在一个高强度峰旁边有密集的峰，形成了一组高强度 WGM 峰。而且，在两组高强度密集 WGM 峰的附近仅有非常弱的峰。而耦合器 C 则没有明确的 FSR 包络，只有紧凑且强度较为平均的谐振峰。而对于原文图 4（d）耦合器 D，其光谱特性与耦合器 C 非常相似，但其谐振峰的强度较低。

为了进一步探索耦合器 B 和 C 的传输特性，我们对其光传播进行了仿真，结果如原文图 5（a）和（b）所示。结果表明，在耦合器 B 的 SIRR 存在全内反射，而在耦合器 C 的 SIRR 存在折射，这是由两个耦合器具有不同的锥顶角导致的。也就是说，对于耦合器 B，毛细管中的光是通过倏逝波耦合进微球谐振腔内，而对于耦合器 C，毛细管中的光是通过自由空间光耦合进微球谐振腔内。前面说到，微球嵌入到毛细管内部会受到微小的挤压，会导致微球谐振腔发生轻微的形变。而形变的微球谐振腔的形状边界可以用四极变形来考虑，因为任何椭圆都可以用四极变形近似。在四极近似中，一个重要的因子就是形变参数值。我们采用射线动力学和隧穿过程对形变微球谐振腔中自由空间耦合进行了分析。庞加莱截面（Poincaré surface of section，PSS）可以反映微球内部射线动力学的特征。变形参数为典型值 0.07 的变形微腔的 PSS 如原文图 5（c）所示。对于耦合器 B 的倏逝波耦合，其初始入射光线位于 PSS 的 B 附近。B 区位于 PSS 的上端，这里有密集的规则轨道，几乎没有混沌轨道。因此，耦合器 B 的反射光谱中有清晰的 FSR 包络线。对于耦合器 C，其初始入射射线坐落在 C。在 C 区域主要存在混沌轨道，而且在 C 区域周围也存在稀疏的规则轨道，混沌海将通过动态隧道与规则轨道耦合。此外，规则模的强度相差不大，导致耦合器 C 和 D 的 WGMs 强度均匀且分布稀疏，因此，不存在 FSR 的包络线。

1.5 论文框架

论文架构的安排根据研究内容内在逻辑的展开，本论文首先给出阐述的器件结构或理论模型，做到开宗明义和点题，做到"起承转合"地有效展开。因此，该篇文章一开始就给出了器件结构和理论模型。同时，给出了器件中光束 zigzag 传输的仿真图，达到点题目的。为了判别不等式组的内涵更加清晰，我们作出了二维彩色图形。理论模型建立后需用实验验证，因此，器件制备就是下一步工作，我们详细研究了放电参数对器件锥顶角的影响。器件制备完成后就需要进行实验测试，从而完成实验验证。本论文在证明实验数据支持理论模型之后详细研究了谱形异同的原因，对实验现象进一步研究和讨论。

1.6 摘要、引言、总结的内在逻辑

对一篇论文而言，摘要、引言、总结起着建构骨架的作用。摘要是对全文的提纲挈领，重点是全面而扼要，拥有与全文等量的信息，要将独到之处、创新之处点明。引言是对研究课题的引出，也就是为什么选择此课题进行研究；由当今世界发展趋势开始，逐步聚焦到研究课题，也就是此课题目前的研究现状，从中找出存在的空白和不足；课题所取得的成果，也就是通过研究取得的成果及意义。总结是对研究成果独到见解的概括，突出研究的意义和应用前景，也可以指出研究的局限和存在的问题，以及将来可以继续研究的问题和方向。

本论文摘要首先概述了我们实现的一种基于毛细管的耦合器。接着描述了该结构的组成，论文所使用的研究方法以及得到的结论。在引言中，首先提出 WGM 微腔的优势及应用，再提出 WGM 微腔应用必须考虑的耦合问题。我们通过对国内外耦合问题解决方案进行分析后，指明其存在的不足和空白，提出了新的解决方案并对研究内容进行说明。总结则是比摘要稍加详细地对论文进行总结，包含了更多的研究方法和结论的细节，以及自己的

见解。

1.7 论文发表后的反思

论文发表后应该反思论文的得失之处,以及对未来工作的影响,这对论文写作水平的改进及未来科研工作的安排都大有裨益。本论文展示了一种具有"之"字形光束的空心光纤耦合器,可以有效激发无源变形微腔中的回音壁模式,无须腐蚀和拉锥,制作简单。本论文使用几何光学建立了器件的理论模型,并用射线动力学和隧穿过程介绍倏逝波耦合和自由空间耦合所造成不同谱形的原因。该器件可以作为耦合回音壁模式的基本构件,有可能应用于光子器件中。该篇文章的完成,表明本课题组成员基于空心光纤耦合无源微球这一工作基本完成,下一阶段本课题组成员将向有源微腔方向发展,研究回音壁模式微腔的激光特性和非线性特性。

案例 8：基于深度估计与步长判决的光场压缩算法

黄新彭　安　平[*]

 **案例来源**

Huang X P, An P, Cao F Y, et al. Light-field compression using a pair of steps and depth estimation [J]. Optics Express, 2019, 27 (3): 3557 – 3573

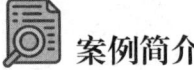 **案例简介**

光场成像技术对场景进行了均匀且密集的采样, 能够同时捕捉到环境中光线的空间位置和角度四维信息。光场数据包含了高维密集的光线信息, 能够以全新的方式帮助计算机更加全面地理解真实场景。光场技术推动了计算机视觉数据从低维度向高维度加速跃升, 成为计算摄像学领域的研究热点。光场数据通常以密集视点图像阵列的形式刻画真实场景, 数据量极其巨大。对于现有的通用压缩标准而言, 无法高效率地传输如此大量的光场数据。为解决此问题, 现有方法利用视点图像之间的角度域相关性, 可以将其排列成伪视频序列, 将视差关系转换为时域运动关系, 使用视频编码方法进行压缩处理。然而, 此类方法缺乏对光场数据高维特性的利用, 未能同时消除光场水平和竖直方向上的相关性, 无法从本质上提高光场数据的编码效率。为

---

[*] 黄新彭, 上海大学通信与信息工程学院讲师。主要研究方向: 沉浸式视频编码与重建。
　安平, 上海大学通信与信息工程学院教授、博士生导师。主要研究方向: 智能视频处理、计算机视觉。

此，我们提出了一种基于深度估计的光场压缩算法，使用多视点视频加深度编码结构来提升光场数据编码效率。为提取光场数据内部相关性，我们利用对极几何原理，通过构造极线斜率匹配代价函数估计光场初始深度信息。考虑到视点图与其对应的深度图之间的结构相似性，我们提出了一种视点图特征指导的深度图优化方法，可以降低初始深度图之间的不一致性，以节省深度图码率。此外，我们遍历了多种视点图采样方式以及深度估计计算步长，得到了全局最优光场输入采样结构。仿真实验结果表明，相对于其他算法，我们提出的光场数据压缩算法在低码率时能够获得更高的编码性能。在目前有限的传输带宽和存储空间下，我们的算法对于发展高维密集光场数据高效压缩编码体系具有重要的意义。此项研究成果于 2019 年发表在 Opitcs Express 期刊上，得到了学术界与工业界的引用与关注。

 方法谈

1.1 选题与立题

光场成像（light field imaging）能够将环境中光线信息转换为数字信息，得到光线的角度域和空间域信息，从而实现数字重聚焦、全景深扩展、深度可计算等传统相机无法企及的创新功能。这些创新功能使光场技术逐步渗透到多媒体编辑、透视成像、广播传媒、材料识别、情感分析、显微观测等各个应用领域。光场成像技术全面重塑视觉信号的采集方式和处理模式，深刻变革视觉数据结构，重新定义光线信息与数字信息映射关系，已成为计算摄像学领域的研究热点。

光场数据不仅维度高，而且数据量大，高效率数据压缩算法是光场数据迈向实用化、集成化、多元化的关键技术。尽管传统视频编码标准已经具备强大的压缩性能，但是这种仅基于局部像素匹配的压缩框架很难全局地利用光场内部相关性，难以充分去除光场图像冗余，故无法满足目前传输带宽的码率要求。因此，本论文的选题着眼于当前计算摄像学领域的研究热点，结合课题组研究基础，落脚于高维光场数据的高效率压缩问题。

1.2 研究现状与突破点

为解决上述问题，需要进行大规模的文献阅读和综述，总结归纳现有相关算法的核心思路，梳理出现有方法的共性问题，以此为突破口，寻求解决方案。

光场通常由一个四维的双平面参数化模型 $L(x, y, u, v) \in R^{(X \times Y) \cdot (U \times V)}$ 来表示，其中 (x, y) 和 (u, v) 分别表示记录的光线在空间位置和入射角度。此外，在该模型中，$(X \times Y)$ 表示一个视点内记录的光线数量，$(U \times V)$ 表示记录到的视点数量。基于该数学模型的光场数据通常有两种主要形式，即光场透镜图像和光场密集子孔径（视点）图像，如原文中图 2 所示。光场透镜图像中不同单元（如原文中图 2 左侧加黑框所示）记录了光场不同的角度信息，而不同视点图像（如原文中图 2 中间彩色块所示）则记录了光场各个角度的空间信息。如原文中图 2 所示，对光场透镜图像对应位置像素进行采样、整合，即可得到密集的光场视点图像，反之亦然。可见，高维光场图像的角度域和空间域之间存在着紧密的关联关系，现有光场数据压缩方法则普遍针对上述两类光场图像展开研究。

对于光场透镜图像，单元图像之间具有极强的相似性，所以包含着大量空间冗余有待去除。虽然已有方法对光场透镜图像的去空间冗余取得了预期效果，然而，光场透镜图像中同一单元图像内部的每个像素反映的是某一场景点不同角度的光线信息，而仅从空间像素匹配方面去除角度冗余，势必有悖于光场数据内部的几何意义。因此，对光场透镜图像的压缩存在着先天的不足，这也导致近期越来越多的光场数据压缩工作都将研究重点转向了对光场密集视点图像的压缩。传统图像与视频编码框架历经多年迭代优化而具有了良好的压缩性能，成了目前光场数据压缩的有力工具。为此，不少研究人员利用视点图像之间的角度域相关性，将光场视点图像排列成伪视频序列，将视差关系转换为时域运动关系，使用视频编码方法进行压缩处理。然而，现有方法缺乏对光场数据高维特性的考虑，未能同时消除光场水平和竖直方向上的相关性，无法从本质上提高光场数据的压缩效率。最近，稀疏编码的方法可以有效降低编码端需要压缩的光场数据量，缓解编码器和传输信道的压力，在解码端利用先验信息尽可能地恢复出原始光场数据，因此，为光场数据高效压缩提供了新的解决途径。然而，这些算法却忽略了提取先验信息的灵活度对光场数据压缩可行性的影响，以及先验信息质量对光场数据压缩效率的影响。

考虑到光场数据的高维特性，我们提出同时利用光场数据的几何相关性与视点间的运动矢量进行光场数据压缩编码，其核心突破点是如何从光场视点图像的纹理信息中灵活地提取出高质量光场几何先验信息，在不显著增加压缩数据量的同时，保证较高质量的光场数据重建。

1.3 理论创新与论证

为从光场视点图像的纹理信息中提取出有效的先验信息，需要不断抽丝剥茧，深入挖掘其底层的数学机理。将光场本质的数学模型与光场图像的表示形式相结合，进而构造出合理的寻优函数，得到以深度图阵列形式表示的光场几何先验信息。

光场成像对场景进行了均匀采样，如原文中图 4 和图 6 所示，光场图像中像素的角度域变化与空间域变化之间存在着以深度几何信息为桥梁的强耦合关系。为此，我们要研究视点的结构化特征，分析像素点分布与场景几何结构之间的关系。进一步，以包含四维信息的光场极平面图像为目标，以光场角度-空间域像素变量为输入，构造极线斜率匹配代价函数。同时引入计算步长，以节省计算复杂度。

在此基础上，提取几何信息时引入的噪声会直接损害到重构光场的质量以及增加深度图本身的比特开销，需要对深度图进行平滑处理。考虑到视点图与其对应的深度图之间具有极强的结构相似性，我们提出了一种视点图特征指导的深度图去噪优化方法，可以降低初始深度图的不一致性，在节省深度图码率的同时提高重建质量。

此外，我们发现过密集的采样将输入过多的冗余信息，不利于降低编码码率；而过稀疏的采样在光场重建时可用的相关信息较少，不利于保证重建质量。同样，深度估计的计算步长也会类似地影响到重建质量与计算复杂度。因此，我们提出"光场视点图像的采样方式与深度计算步长都会影响光场编码性能"的假设，并对具有不同纹理结构特征的多幅光场图像进行了大量测试，找到了一种普适性较强的采样步长与深度计算步长组合，并以此进行后续仿真实验。

1.4 实验验证

为验证我们所提算法的有效性，选择领域内公认的光场数据集作为实验目标。在此基础上进行多方面的消融实验，以证明我们所提算法每个环节的正确性。

我们首先选择具有代表性的四幅光场图像，它们分别包含了复杂和简单的几何结构。对这四幅光场图像进行采样步长与深度计算步长测试实验，统计结果如原文中图 7 所示，可见随着采样步长与深度计算步长的减小，光场重建质量不断提升。该实验结果不仅证实了我们文中提出的假设，还进一步得出采样步长对重建性能的影响要大于深度计算步长。其原因在于，密集的光场视点图像的基线距离极窄，所以相邻视点之间的相似性极强，因而其重建质量对深度图质量的敏感度较低。因此，即使深度计算步长较大导致深度图质量较差，小采样步长减少了稀疏视点的信息损失，依然能够保持较高的光场重建质量。通过遍历所有步长组合，综合分析实验结果，为达到低失真与低计算复杂度的目的，最终决定以深度计算步长为 3、稀疏采样步长为 4 的组合作为后续光场数据压缩实验的配置参数。

对于窄基线的光场视点图像，传统的基于立体点匹配算法十分容易出现计算错误，而我们的深度估计算法采用对极几何原理，能够深入挖掘光场的四维特性，计算出更准确的深度几何信息。如原文中图 8 所示，通过对比本论文深度估计方法与其他方法结果，可明显看出本论文深度图因利用了对极几何原理而能够有效计算出光场中存在的负视差。尽管 ADME（Accurate Depth Map Estimation）算法的深度图内容更加平滑，但是忽略了光场负视差的事实，导致其无法估计出位于背景位置的光场内容。为进一步客观地证明光场负视差具有同样的重要性，我们分别采用结构相似性度量

(Structural Similarity Index Metric，SSIM）指标与多尺度 SSIM（MS‐SSIM）指标对重建视点质量进行评价，如原文中图 9 所示，从数值上可看出基于 ADME 所得深度图的光场重建质量明显低于本论文深度图得到的重建质量。同时，利用本论文深度图重建的光场视点图像主观效果如原文中图 10 所示，尽管纹理较为复杂的区域容易出现失真的情况，但解码图像与重建图像的整体观感都与原图基本一致。这一点与上述客观实验结果（重建质量最高逼近 0.95 SSIM）相呼应。

在图像压缩领域，为证明所提算法的有效性，选择公认的测试数据与公认的评价方法是非常必要的。本论文目的是解决巨大光场数据量的高效传输与储存，所以最终我们对公共数据集中的 10 幅标准测试光场图像进行了压缩实验，同时使用峰值信噪比（Peak Signal to Noise Ratio，PSNR）和比特率（bit per pixel，bpp）分别评价压缩后光场的质量与数据量规模。光场数据压缩方面，将光场密集视点图像作为伪视频序列的压缩方法在不少文献中都被报道，其有效性已得到普遍证明，所以我们将该类方法作为基准方法进行对比实验，从而体现出本论文方法的优势所在。原文中表 2 展示了不同方法相较于基准方法的结果对比，其中先进的 SC‐SKV（Sparse Coding based on Structural Key Views）方法相较于基准方法获得了平均 1.76 dB 的压缩质量提升，同时数据量平均下降了 51%。而相比基准方法，本论文方法平均提升了 4.58 dB 的压缩质量以及节省了 86.1% 的数据量。为了更加直观地体现出本论文算法的优势，我们绘制了如原文中图 12 所示的码率-失真曲线，来展示不同算法的压缩性能。由于我们的算法仅输入少量视点图像与深度图，而且深度图经过了去噪优化，使得整体码率处于较低的水平。此外，由于我们的深度估计算法能够保持较高的光场重建质量，因此，即使在低码率下，本论文提出的方法依然获得了较高的压缩性能。

1.5 论文框架

科技论文的撰写思路始终要保持逻辑上贯通，同时，也要考虑到文章涉及的受众不同的知识背景。为此，本论文首先以朴素且简洁的语言，引导读者快速了解光场成像对于推动计算摄像学领域发展的重要意义。紧接着,总结性地描述了光场图像数据量巨大的问题,以及综述了相关工作,通过分析目前领域内相关工作存在的不足之处,从而引出论文的核心贡献。在论文的算法部分,以原理分析为引导,逐步展开介绍各个子算法,并以绘制算法框架图的方式为读者提供一个更为全局的认识。最后,以图、表、文相结合的方式对提出的算法进行了多维度验证,以充分说明其有效性。本论文各个章节环环相扣,形成了严密的逻辑闭环。

1.6 摘要、引言、总结的内在逻辑

摘要需提纲挈领,引言要开门见山,结论要严格且有思路延伸,三者之间又有内在的逻辑关联。摘要不仅是对全文的概括性描述,更是对研究内容关键科学问题与创新点的提炼,一般应包含"意义、方法、结果、结论"四要素。引言的重点要落在引导读者快速了解研究意义上,进而突出文章的创新点与贡献。总结作为全文的收尾,除了按照常规作出结论以外,还应指出论文仍存在的不足或未来的研究方向,若能引发读者的思考,将对论文起到锦上添花的作用。

1.7 论文发表后的反思

本论文首次讨论了光场数据压缩中先验信息对于压缩性能的影响,取得了较理想的实验结果,因此,得到了国内外学术界与工业界相关科研人员的广泛关注。例如,新南威尔士大学的 Li Yue 等[1]引用本论文,类似地将一致性视差用于光场视点间预测;LightSpace Technologies 公司的 Roberts Zabels 等[2]引用本论文,介绍了光场在增强现实(Augmented Reality,AR)显示方面所存在的大数据量问题;安庆师范大学的 Liu Deyang 等[3]引用本论文,同样提出了基于视点合成的光场数据压缩算法。

此外,对于科研工作者而言,若要将研究工作做得更加深入,取得更具前瞻性的科研成果,就要直面自己工作的不足之处。本论文写作上的不足之

处在于，研究现状总结得稍嫌片面，仍应分析更多相关工作，挖掘其更深层的数学机理。算法上的不足之处在于，对光场图像的认识仍停留在像素层面，未来工作需要追本溯源，从探究光线间及光线束间关联关系的角度切入，对光场表达形式建立统一认识，进而充分消除光场内部的高维相关性。

参考文献

[1] Li Y, Mathew R, Ruefenacht D, Naman A, et al. Consistent disparity synthesis for inter-view prediction in lightfield compression [C]. 2019 Picture Coding Symposium（PCS），NOV. 12-15，Ningbo，China. doi：10.1109/PCS48520.2019.8954506.

[2] Zabels R, Osmanis K, Narels M, et al. AR displays：next-ceneration technologies to solve the vergence-accommodation conflict. Applied Sciences [J]. 2019，9（15）：3147. doi：10.3390/app9153147.

[3] Liu D, Huang X, Zhan W, et al. View synthesis-based light field image compression using a generative adversarial network. Information Sciences [J]. 2020，545：118-131. doi：10.1016/j.ins.2020.07.073.

案例 9：基于灵活帧结构的高能效资源配置研究

陈小静　张舜卿[*]

📁 案例来源

Sui W, Chen X J, Zhang S Q, et al. Energy-efficient resource allocation with flexible frame structure for hybrid eMBB and URLLC services [J]. IEEE Transactions on Green Communications and Networking. 2021, 5 (1): 72 – 83

📄 案例简介

相比于第四代移动通信（4G）支持人与人之间直接的高容量通信，第五代移动通信（5G）网络的最大特征是支持万物互联。因此，5G 无线通信技术需要支持高异构性的服务。同时，5G 通信面临更大、更迫切的传输任务和服务需求，不可避免地造成了能耗的提升。出于生态和经济效益的考虑，5G 亟需新的高能效无线通信解决方案。第三代合作伙伴计划（The 3rd Generation Partnership Project，3GPP）协议针对 5G 物理层提出了可扩展子载波间隔和灵活帧结构，这为 5G 的高能效传输提供了机遇和挑战。本论文

---

[*] 陈小静，上海大学通信与信息工程学院讲师、硕士生导师。主要研究方向：绿色无线通信、边缘计算。

张舜卿，上海大学通信与信息工程学院教授、博士生导师。主要研究方向：绿色传输与高能效网络。

基于新的物理层资源结构，结合资源管理技术进行高能效资源分配，从而在满足异构服务的服务质量（Quality of Service，QoS）需求下实现系统的高能效通信。本论文面向增强型移动宽带（Enhanced Mobile Broadband，eMBB）服务与超可靠低延迟通信（Ultra-Reliable Low-Latency Communication，URLLC）服务共存的多用户场景，首先提出了新的能效定义，并建立具有灵活帧结构的二维资源块分配问题以最大化系统能效。根据问题的非凸性，本论文提出了基于滑窗的资源分配算法，并且根据任务量的变化结合功率放大器（Power Amplifier，PA）的灵活关断操作，以实现节能目的。具体来说，该算法首先采用滑窗决定候选资源池，由此将原问题转化为凸问题，之后采用松弛的线性规划方法解决转化问题，并获得具有较低复杂度的次优资源分配策略。此外，对于资源网格规模和发射功率大小对能效的影响作了理论分析，论证了滑窗算法的可扩展性。在实验验证方面，本论文将滑窗算法与传统不连续传输（Discontinuous Transmission，DTX）等算法进行对比，并探究了能效与容量需求、不同服务类型和延时要求的关系。仿真结果表明，与其他基准算法相比，滑窗算法能实现 29.3% 的能效增益。

方法谈

1.1 论文之道

高校的研究工作是前沿科技的引领者，它应该走在科技的最前沿，为学术界和工业界指引未来可探索的方向并提供有价值的理论与创新空间。随着中国科研实力的整体提高，越来越多来自中国高校的科技论文发表在国际高水平刊物上。作为高校研究生，应追求论文质量而非数量，发表的论文应该基于国内外的最新研究现状、基于现有理论框架或协议提出具有创新性和价值性的工作。一般来说，高水平论文的撰写应包含以下几个方面[1]：

（1）立足领域前沿的科学选题；

（2）基于现有理论基础的创新思路；

(3) 行之有效的问题优化方法和验证手段。

1.2 研究课题的确定

相比于第四代移动通信（4G）着重于移动宽带（Mobile Broadband，MBB）应用，第五代移动通信（5G）涵盖了广泛的应用场景，包括增强型移动宽带（eMBB），超可靠低延迟通信（URLLC）和大规模机器类型通信（Massive Machine Type Communication，mMTC）。特别是在第三代合作伙伴计划（3GPP）标准版本 15（R15）[2]和最近冻结的版本 16（R16）[3]中，eMBB 和 URLLC 是其中两个重点关注的通信场景。同时，5G 无线网络将提供前所未有的连接设备数量，实现无处不在的网络。按照现有的设计方案，无线通信性能的提升必将以能耗提升为代价。出于生态和经济效益的考虑，5G 亟需新的高能效无线通信解决方案。此外，由于 eMBB 需要高达每秒千兆位的数据速率和适度的延迟（几毫秒），而 URLLC 要求的延迟极低（0.5 毫秒）且可靠性很高（99.999%），两者的服务质量（QoS）需求大相径庭，它们的共存给高能效资源分配带来了重大挑战。基于以上 5G 无线通信存在的矛盾与挑战，我们制定了科学选题，即研究面向 eMBB 和 URLLC 混合服务场景中的高能效资源配置优化。

基于以上研究课题，我们针对性地开展了对现有相关文献的调研和分析，了解此课题最新的技术和研究现状。对能效优化和资源分配策略两个方面，调研了近十年来的相关文献和最新的通信协议。在 URLLC 场景下的能效优化相关研究中，文献[4]中考虑到传输和排队时延以及可靠性约束，使用启发式方法提出了一种最优的联合功率和带宽分配策略。文献[5]中通过将非凸问题转换为凸问题，可以在 URLLC 的 QoS 要求下，联合优化发射功率分配、带宽配置和天线数量，以最大化能效。文献[6]中进一步提出了一种更全面的全局资源分配优化方法。以上的研究工作都是仅限于 URLLC 场景中的能效优化研究，并且沿用传统的能效定义（即单类服务传输速率与基站功耗的比值），而没有考虑到异构服务共存的场景。此外，在物理层设计方面，为了满足 5G 不同的服务需求，3GPP 协议 R15 版本中提出了可扩展子载波间隔和灵活帧结构。与 4G 中固定的帧结构相比，在频域和时域中采用灵活性帧结构的资源块在提高容量和满足 URLLC 用户的 QoS 方面表现出显著优势[7]。通过以上的调研、分析和总结，并结合下一代移动通信发展的新场景、新需求、新特性和新挑战，我们归纳出可以进一步深入研究的方向和策略，并形成了自己特有的研究创新点，即：

（1）面向 eMBB 和 URLLC 混合服务场景，考虑异构 QoS 需求，提出新的能效定义，作为 5G 乃至未来 5G＋新场景下能效问题的衡量指标，场景示意如原文中图 1 所示。

（2）结合 5G 物理层新特性，基于可扩展子载波间隔和灵活帧结构，采用时隙级功率放大器（PA）关断策略，提出时频域二维高能效资源配置策略，灵活帧结构模型如原文中图 2 所示。

1.3 研究问题的解决方法和实验设计

1.3.1 问题建模及优化

确定好研究方向之后接下来就是问题的系统建模，包括场景的确定、灵活帧结构的模型化、信道模型的建立、功耗模型的建立等，最后是能效的定义和优化目标函数的确定。建立系统模型要根据具体问题具体分析，一般包括协议模型和优化模型两个方面。协议模型基于 3GPP 协议的基本设定和数学理论模型，优化模型包括未在协议中规定的参量定义和优化问题建模。

优化问题数学建模完成之后，下一步就是解决该建模问题。解决方法多种多样，一般的能效优化问题可以使用凸优化或分数规划等经典手段解决。但是很多新颖的问题不能直接用经典的方法解决，如本论文案例中的问题是一个非凸问题，不能直接借助凸优化工具求解得到最优化。一个可选的方案是直接用遍历的方法解决，但遍历法的复杂度会随着系统参数的增加呈指数型增长急剧上升，在复杂系统建模问题中往往不可行。在无法得到最优解的情况下，退而求其次，我们可以将原始问题作简化和松弛，提出一些次优的低复杂度的优化方案，比如启发式算法等，使此问题可解决，策略可实现。案例论文中提出了"滑窗算法"，首先采用基于滑窗的启发式算法决定候选资源池，由此将原问题转化为凸问题，之后采用松弛的线性规划方法解决转化问题，并获得具有多项式复杂度的次优资源分配策略。

1.3.2 实验分析与仿真验证

分析和验证所提方法的有效性同样至关重要。分析验证可以从以下两个方面着手。

首先是理论推导，根据建模的问题从数学角度推导出优化目标与各个相关变量之间的关系，以及是否存在一些优化目标的上下界和权衡关系等。本论文第五小节理论分析了所提出的节能算法可达到的性能，以探究提出的算法和策略在网格大小和最大传输功率两个影响因素下的可扩展性。在探究资源网格大小的影响中，直接获得网格大小与能效（Energy Efficiency，EE）关系的表达式非常具有挑战性。为了使其在数学上易于处理，我们推导出此研究场景下系统 EE 的上限和下限以探究资源网格大小对系统能效的影响，如从第五小节的引理 1 与引理 2 给定资源网格的大小和到达服务的 QoS 要求。可以看到，EE 的上限与到达服务的总数据量和子载波数有关，而下限更多是仅仅对到达服务的数据量敏感。通过以上分析，我们可以得出结论，当到达的服务量相对较低且子载波数量较大时，提出的节能资源分配策略有更好的表现；在分析最大传输功率的影响时，验证了对于给定的电路功率，可达到的 EE 性能与最大发射功率成准凹关系，并且最大 EE 可以在有限的最大发射功率下实现。

其次是做仿真实验。仿真实验可以从纵向和横向两个方面对比。首先纵向验证问题与理论推导结果是否吻合，探究优化目标随着不同变量变化的关系是否符合预期和理论推导结果，以及提出的算法是否能达到理论上界等。如此案例中实验设计包括能效随到达任务数量、延时需求、资源网格的大小和最大发射功率的变化。原文的仿真实验部分，图 4 探究了 eMBB 服务需求对 EE 的影响，能耗和 EE 性能都随 eMBB 服务需求的增加而增加。图 6 中改变 eMBB 服务的等待时间要求来进一步比较 EE 性能，可以看出，对于基线算法 1、2（基线 1——随机资源块分配；基线 2——基于最优功率的随机资源块分配），随着等待时间限制其 EE 表现变得越来越差，这是因为随着延时约束的宽松，被分配的 RB（Resource Block），在网格中的位置更加分散，这增加了 PA 的活动时间，并浪费了能源。在探究资源网格大小的影响时，分别比较了资源网格在时域频域中扩展对 EE 的影响，可以看到在频域中扩展资源网格的大小其可实现的 EE 性能比在时域扩展资源网格更有利。这是由于当子载波数量增加时，可以在较短的持续时间内传递相同数量的数据，而对于时域扩展，即使可以利用时域分集，总体功耗仍然相对于持续时间显著增加。原文中图 8 展示了最大传输功率对 EE 的影响，可以看出对于任何给定的服务需求，系统 EE 随着最大传输功率的增长而呈凹形增长。

仿真实验的另一方面是横向验证策略的有效性，在同样的仿真参数设置下，观察提出的算法是否优于现有的方法和策略，并从优化结果和算法复杂度等角度分析其优缺点等。如此案例设计的实验中，提出的滑窗算法与三种基线算法对比，分别为基线 1：随机资源分配，将服务随机分配给具有固定发射功率的可用资源网格。基线 2：具有优化功率的随机资源分配，在基线 1 的基础上采用高能效的发射功率分配方案[8]。基线 3：联合优化功率和不连续传输（DTX）的随机资源分配方案[9]。在实验仿真中对比所有算法的性能，如原文图 4 中，所提出的具有灵活 RB 类型的节能方案 EE 表现结果最佳。具体地，当 eMBB 服务的需求等于 8 000 位时，与基线 1 相比，该方法可以实现 16.7% 的功耗降低和 29.3% 的 EE 提高。

1.4 论文的撰写

如果说以上的问题提出、问题解决和问题验证是课题研究的骨架，那么最终论文的撰写则使整个研究工作有血有肉，使研究成果能够呈现给大众，实现课题研究的价值。因此，论文的撰写至关重要。在有了课题创新点和研究思路之后就可以起草论文，这样不仅可以在解决问题和实验验证的同时，通过撰写论文进一步理清思路，还可以在此过程中发现研究中存在的问题，及时调整研究方法，避免走不必要的弯路。

解决系统优化问题的论文框架一般包括摘要、引言、相关工作、系统模型、问题描述、算法描述、理论分析、实验验证、结论和参考文献等部分。一般的论文写作顺序可以从系统模型开始，结合课题研究进度逐渐补充问题建模、算法描述以及实验分析部分。在系统模型和问题描述以及实验验证部分推荐使用图表结合文字描述会使文章更加生动具体。理论分析部分可根据实际问题和具体算法添加。之后，补充引言、相关工作等内容。引言的撰写难度较大，不仅需快速引入研究工作的动机、必要性和重要性，还要明确阐述此工作与现有工作的区别和创新点。相关工作部分则需根据前期调研进行总结，切不可直接摘抄参考文献。最后根据课题的创新点、算法和实验结果总结摘要和结论。摘要是读者第一眼看到的内容，需确保该部分简明扼要，包含研究的动机、内容、方法、结论和创新点，引起读者兴趣。撰写英文摘要时，应注意语法、时态等问题，尽量使用简洁明了的语句表达。

此外，不管使用 Word 或 LaTeX 等编辑工具，都需要注意排版美观整齐，格式规范。在此案例中使用 LaTeX 工具进行编辑，公式、图片和表格等可以自动编号，整体使用方便，排版整齐大方。论文成稿后最好进行查重，查重率控制在 5% 以下。

1.5 论文发表后的评价与反思

本论文工作创新性较高，对未来智能网络基于灵活帧结构的高能效资源配置具有指导意义，且提出的新的能效定义为混合异构服务共存场景下的能效优化奠定了基础。但回看论文时，会发现论文优化问题的衍生和背景描述有所欠缺，会使不了解此研究领域的读者阅读稍显费力，因此在论文成稿之后可以邀请学生阅读，他们的读后感可以作为论文修改和语言措辞修改的重要参考。下一阶段工作会向 6G 非平稳无线网络的能效优化发展，研究非平稳环境下高能效资源分配优化。

总而言之，科技论文的写作对于初级科研工作者来说可能是一座大山，但是要到达这座山的峰顶除了以上的论文形成思路，最重要的是需要前期大量的调研和总结。必须扎实自己的基础，才能顺利实践上述的论文创作过程，所谓厚积薄发在论文创作的时候才能体现得淋漓尽致。所以，刚进入科研领域没有快速形成论文成果不要担忧，日复一日的勤奋耕耘也会迎来累累硕果。

参考文献

[1] 陈小静，随文舒. 从科技论文看研究生写作能力培养［J］. 教育信息化论坛，2021.

[2] 3rd Generation Partnership Project；Technical Specification Group Radio Access Network；Study on Scenarios and Requirements for Next Generation Access Technologies；（Release 15），3GPP，July 2018，ts 38.913.

[3] 3rd Generation Partnership Project；Technical Specification Group Radio Access Network；Study on Scenarios and Requirements for Next Generation Access Technologies；（Release 16），3GPP，July 2020，ts 38.913.

[4] She C，Yang C. Energy efficient design for tactile internet. Proc. ICCC. IEEE，Chengdu，China. 2016：1-6.

[5] Sun C，She C，Yang C. Energy-efficient resource allocation for ultra-reliable and low-latency communications. IEEE GLOBECOM. IEEE. 2017：1-6.

[6] Sun C，She C，Yang C，et al. Optimizing resource allocation in the short blocklength regime for ultra-reliable and low-latency communications［J］. IEEE Trans. Wireless Commun，2019，18（1）：402-415.

[7] Anand A，Veciana G D，Shakkottai S. Joint scheduling of URLLC and eMBB traffic in 5G wireless networks. IEEE/ACM Trans. Netw.，2020.

[8] Xiong C，Li G Y，Zhang S，et al. Energy-efficient resource allocation in OFDMA networks［J］. IEEE Transactions on Communications，2012，60（12）：3767-3778.

[9] Mukherjee A. Energy efficiency and delay in 5G ultra-reliable low-latency communications system architectures［J］. IEEE Network，2018，32（2）：55-61.

案例10：社交网络基于凝聚熵的影响最大化动态算法

李卫民*

案例来源

Li W M，Zhong K X，Wang J，et al. A dynamic algorithm based on cohesive entropy for influence maximization in social networks [J]. Expert Systems With Applications，2021，169：114207

https://linkinghub.elsevier.com/retrieve/pii/S0957417420309350

案例简介

社会网络中的影响最大化问题已经被广泛研究，但以往的研究大多忽略了传播的动态性以及局部聚集因素对扩散的影响。本论文提出了一种基于凝聚熵的影响最大化动态算法，其目标是寻找社会网络中影响最大的节点。首先，提出了基于凝聚熵的社区重叠传播算法，主要结合用户局部结构特征定义了凝聚熵的概念，将用户自主性融入影响力传播过程中，用于发现网络中的重叠社区，并选取聚集区域中的潜在节点构建候选种子集。然后，在缩小种子选择范围的基础上，设计了可选动态影响传播算法。它利用凝聚熵计算来获取相邻节点之间的凝聚力，进而判断该节点是否有能力成为另一个节点

---

* 李卫民，上海大学计算机工程与科学学院教授、博士生导师。主要研究方向：复杂网络分析、智慧医疗。

的可传播先锋,从而使信息继续有效扩散。最后,通过在多个数据集上的多次实验,证实本论文提出的算法能够成功地影响不同场景下的理想用户数。

方法谈

1.1 选题目标

网络技术的高速发展和普及给人们带来了新的获取信息的途径,各种社交平台的涌现产生的海量网络数据,为社交网络的研究发展提供了丰富的数据资源。同时在众多应用领域中,如广告营销、服务推荐、学术合作网等,影响力最大化技术的应用越来越重要。被广泛应用的营销策略中的口碑效应,就是利用口碑产生连锁反应,并让宣传的商品被更多人购买,但如何以最小开销获得更好的信息传播效果,即初始用户集的选择以及如何选用更小的种子集达到最大传播效应,是影响力最大化问题面临的挑战。由于社交关系的复杂性和传播信息的丰富性,且动态网络的信息传播方式复杂多变,如何对其传播过程进行建模是解决信息传播机理的关键性问题。此外,信息传播机理的揭示对于信息传播的过程和趋势能够进行很好的描述,从而可以达到对社交网络中的信息扩散进行预控,同时可以为舆情管控和信息的溯源提供技术支持。

1.2 研究现状和突破点

目前影响力最大化的研究主要分两个方向:贪心算法和启发式算法。基于贪心算法的方法中,获得精确结果的途径是万次以上的蒙特卡洛模拟,其计算成本高,面对大型网络效率低下。近年来出现了一系列针对其不足的改进算法,但效果不明显。在启发式算法中,主要使用网络中节点的部分特征,计算节点的相对排名,选出网络中的种子节点。虽然计算简单,扩展性高,但是相比贪心式算法精确度大幅下降。综合以上两种方法,有效提高计算效率并提高精确度是这个方向一个至关重要的问题。

本课题组通过文献分析得出,虽然影响力最大化问题的研究逐渐成熟,但很多算法仍然存在一定的局限性,没有考虑到真实社交网络中扩散过程的不确定性,忽略了用户局部特征不同而导致的用户行为差异。在现实中,用户可以主观选择分享信息的对象,对于不同亲密程度的用户采用不同的行为方式,用户自主选择邻居节点进行资源共享是信息扩散的起点。从空间角度观察社交网络中每个用户,以其为中心呈放射状构成多条路径,信息沿路径传播至其他用户。由于用户自主选择信息流动经过点,使得以该用户为起点的传播路径的长度和方向具有不确定性。根据以上特点,如何对个体自主性导致的传播路径动态性进行建模是一个挑战。

综合以上的文献调研及分析,本论文对网络的局部结构在信息传播中的作用、信息传播节点之间的信任关系、传播路径的动态性等进行了研究,由于这些因素对信息在社交网络中有效传播有着重要的作用,为了避免不必要的传播尝试,有效提高传播效率,有必要建立融合局部结构和基于节点信任关系的动态传播路径。

1.3 课题论证

创新是在对现有相关的理论及方法了解的基础上进行的,所以要了解目前的研究进展,了解所研究方向存在的挑战问题,分析自己所研究问题的新情况、新特点,从而寻找可能解决的思路,形成独特的见解和方案。首先,通过阅读所研究主题相关的优秀文献,了解技术背景并获取相关研究的实例,不仅从理论和技术角度理解该主题的研究,而且从实例角度理解方法的思路和执行过程,达到全面、正确、深度地理解影响力最大化问题。然后对现有方法进行分类整理,并对经典的算法进行实现以加深理解,从实例角度寻找问题的根源并尝试可能的优化思路。

本论文先从一网络的例子出发,将节点自身的属性放在首位,将邻域内节点间连边的紧密度作为辅助属性,构成节点的邻域结构信息,分析节点的邻域结构,并定义新的节点局部邻域结构 $G_{\text{local}}^i(N_{\text{local}}^i, DI_{\text{local}}^i)$,从邻居节点集和邻域内结构信息分布中，挖掘出信息传播过程中两邻居节点的相似性。给出了度量节点间关于邻域信息分布的相似性或差异性的定义，即凝聚熵 $CE_{ij}=1-\dfrac{r_{ij}}{\max(r_{ij})}$。在凝聚熵计算过程中考虑了节点自身属性和与之紧密相关的周围环境因素，且信息分布被用到了相对熵公式中，可以把内部因素的差异一一体现并累加，使最后结果更加精确。基于此，设计了基于凝聚熵的重叠社区发现算法。

另外，在基于社区结构的种子节点选择方面，选出有潜力成为种子节点的个体，剔除不重要节点以缩小种子节点的搜索范围，是提高算法的关键所在。本论文首先定义了聚集桥 $N_{\text{hinge}}=\bigcup_{i=1}^{p}Community_{\text{bridge}}^{i}$，即跨多个聚集区的节点代表集合，这些点能紧密连接多个聚集区，反映了小世界的特征，能确保一定数量的影响扩散路径，这样使得选出的节点存在扩散的潜力。对于每个社区的非重叠节点组成了社区的集中聚集区，其中度中心性最大的节点，若在该区域内与其他节点具有最紧密的联系，则称为聚集焦点 $N_{\text{core}}=\bigcup_{i=1}^{p}argmax_{v\in c_i}D(v)$。论文中图 2 所示是一个候选种子选择的例子。图中社交网络已经划分为三个社区，其中节点 8 和节点 16 的度为 6（由于例子中的网络较小，聚集桥的标准降低为跨多个社区节点中度最大的节点。在大型现实网络中，满足聚集桥要求的节点普遍存在），构成聚集桥 $\{8, 16\}$。对于每个社区，分别选择聚集焦点，$N_{\text{core}}^{1}=\{3, 4\}$，$N_{\text{core}}^{2}=\{12\}$。而对于第三个社区，除去重叠节点，其余节点度都是 1，对于大型网络这种情况并不常见，如果发生则从重叠节点中选择度中心性最大的节点作为聚集焦点，则整个网络的聚集焦点为 $N_{\text{core}}=\{3, 4, 12, 16\}$。最后社交网络候选种子集为 $\{3, 4, 8, 12, 16\}$。

最后，考虑到用户的自主性，有权利选择分享对象，同时倾向于与亲密的朋友联系，而选择其他社会距离用户的概率较小。本论文定义节点 u 与节点 v 的凝聚力 $CP_{uv}=H_u-\dfrac{1}{CE_{uv}}$，凝聚力越大，两者关系越密切，当凝聚力达到传播控制因子 α 的值时，节点 u 就具备了尝试影响节点 v 的能力，即节点 u 就成了节点 v 的可传播先驱，如论文中图 3 所示，节点 12 已被成功激活，其有可能影响的节点有 5 个，分别计算凝聚力大小，此处假设 $\alpha=0.1$。$CP_{12,10}$，$CP_{12,11}$，$CP_{12,16}$ 的值超过 α，所以节点 12 继续以用户间影响概率尝试激活他们。而节点 8 和节点 13 与节点 12 的凝聚力未达到 α，所以两条传播路径就此终止。

基于凝聚熵的动态影响力最大化算法不仅可以有效减少时间开销，还体现了用户传播过程中的自主性和动态性。经典算法的实现和实验数据的收集是方法创新的有利保证。通过和现有经典算法、近年来创新算法的试验比较，发现自己所理解和实现的改进方法的优势和不足。

1.4 实验验证

在明确算法创新点之后进行建模，将想法付诸实践。明确实验的缘由、目的和重要性，确定模型中相比之前工作有何突破点，清楚整个实验的流程以及步骤。用现象体现理论，用模型解释实现结果。给出评价标准论证，影响力最大化的问题一般从效率和影响范围两个维度衡量算法的优劣。影响力最大化的研究实验通常是一个时间消耗昂贵的过程，在具体的实验过程中利用成熟的技巧加快程序的运行，但前提是不影响实验的理论验证，或者是体现的某种现象。

本论文在五个特征迥异的数据集：DBLP、Wiki-Vote、Facebook、CA-HepPh 和 Amazon 上，把本论文算法与其他四个经典算法在种子传播效果方面进行了比较，如论文中图 4 所示。在数据集 DBLP 中，如图 4（a）所示，随着种子数量的增加，各个算法得到的影响力大小都随之稳定增长，其中本论文提出的 DEIM 算法表现突出，始终高于其他算法。对于数据集 Facebook、Wiki-Vote 以及 CA-HepPh，如图 4（b）、（c）、（d）所示，本论文的 DEIM 算法在种子数量较少时就可以找到奠定全局的种子集，且效果始终优于其他算法。这是由于 DEIM（Deal Effective-Index Method）在确定种子之前将网络边缘节点已剔除，而且考虑到了用户选择性分享信息的情况，结果只会产生概率较高的传播路径，因此在种子用户散播信息时在这些路径表现明显优于对比算法。IMM（Interaeting Multiple Mode）算法的表现不稳定，可能是由于随机选择节点来生成反向可达集的原因。简单启发式算法 PageRank 算法和 Degree 算法对于小数据集表现良好，但随着数据集规模的增加，网络的无标度性质逐步加强，挑选的种子可能呈现聚集现象，效果逐渐下降。DEIM 算法表现比较稳定，说明对于不同类型和大小的网络来说，DEIM 算法具有普适性。在算法效率方面，如论文的图 5 所示，所提出的算法要明显好于贪心算法和其他启发式算法。

传播控制因子 α 是在影响扩散阶段判断用户是否分享消息的参数，决定影响扩散路径的长度。α 可以约束节点影响力传播的区域，从而影响最终种子集的扩散范围，同时也会直接影响算法的运行时间，图 6（a）中 α 取值分别为 0.01，0.001，0.000 1 和 0.000 01，其中 $\alpha=0.01$ 和 $\alpha=0.001$ 时表现较好，此时节点间的传播控制要求相对比较高，需要用户间凝聚力比较大。$\alpha=0.000$ 1 和 $\alpha=0.000$ 01 时影响范围相比较低，可能进行了多余的激活尝试所致。在图 6（b）（c）（d）中，α 取值分别为 0.001，0.000 1，0.000 01 和 0.000 001。从图 6（b）（c）可以看出，在每个数据集上，依然是当 α 较大的值时表现较好，情况与（a）中相似。而在图 6（d）中，α 为最大值和最小值时，影响效果显著，α 为中间值 0.000 1 和 0.000 01 时表现较差。$\alpha=0.000$ 001 时，相对要求最低，影响力尝试扩散的范围会比较大，激活机会比较多，但容易产生不必要尝试，使运行时间增加。

阈值 α 的大小直接影响节点的扩散路径长度，也会使得算法时间存在明显区别，论文中图 7 展示了不同传播控制因子在不同数据集的影响力扩散。当 α 取值较大时会明显缩短扩散路径长度，避免了重复的部分路径的激活尝试，大幅度减少运行时间，对于稠密网络此现象会愈加明显。

1.5 论文框架

首先，明确最大化影响力算法的初始条件和目标，即通过优化的算法得到能使整个网络最大范围被影响的种子节点集。然后，以目的为导向明确框架的逻辑，由初始结构出发将影响力最大化问题逐步展开，并注意各个步骤的合理性和前后的衔接关系。比如，影响力最大化算法的计算效率问题，如何通过剪枝不必要节点的传播过程来提高算法的效率。由于个体在传播过程中体现出主导性和动态性,通过建模动态传播算法,建立基于用户间信任关系传播结构。将整个框架分为多个部分组成,每个部分实现不同的目的且相辅相成,最终得到整个算法的结果。

1.6 摘要、引言、总结的内在逻辑

摘要是描述论文的主题及本论文的工作所在,体现了在该主题下本论文所做的创新性工作,是引言和论文的缩影。首先,摘要部分用1句或2句描述了响力最大化的背景,及目前这个主题下研究存在的不足,即大多数研究忽略了传播的动态性和局部聚集对扩散的影响。然后,介绍了自己的研究方案,在重叠社区发现的基础,提出基于凝聚熵的影响力最大化算法,在缩小种子选择范围的基础上,设计了可选的动态影响最大化算法,能有效度量节点成为另一节点的可传播前驱可能性,相关实验验证了方法的有效性。

引言部分对影响力最大化涉及的研究背景、研究的相关工作、研究挑战性及本论文的解决方案进行了总体的介绍。在研究背景方面,描述了为什么要从事这方面的研究,引出了影响力最大化概念及其现实意义,第2、第3段在描述研究背景的基础上,对近年来研究相关工作进行了总结,并描述了目前仍存在的挑战性问题,即如何将用户社交距离量化及重叠社区融合到影响最大化研究中,以及如何对个体自主性导致传播路径动态性进行建模,均是提高影响力最大化算法效果的重要内容。针对这些问题,本论文介绍了所提出的解决方案:基于凝聚熵的重叠社区发现算法和可选择性的动态影响传播算法,不仅可提高效率,且体现了用户传播过程中的自主性和动态性。

本论文主要包括影响力最大化的研究背景,国内外的研究现状和挑战问题所在,从而引出本论文的思想和具体实施方法。总结之前的部分是自己创新方法的建模、分步解析和实验验证过程。最后,论文对基于凝聚熵的动态影响力最大化算法的创新之处及实验验证进行总结。以上各个部分都从不同的角度体现论文的想法。

总结是在对本论文创新方法的建模、分步解析和实验验证过程的基础

上，对本论文方法优越性的阐述，及下一步的研究工作的展望。描述了本论文提出的算法在效果和效率两个方面都达到了预期的设想，证实了本论文提出模型的可行性和有效性。

摘要、引言和总结在描述本论文的主体工作上具有一致性，但是描述上的层次不同，摘要是对本论文工作的更简洁的抽象表达，引言是对摘要除实验描述部分的层层展开，结论是建立在实验基础上，描述本论文的创新性工作。这三者从不同层次展示了本论文的工作，三者的有机结合才能诠释本论文在影响最大化主题下所做的工作。

1.7 总结

基于凝聚熵的动态影响力最大化算法从一定程度上解决了影响力最大化问题中效率和范围的问题，信息倾向于在一定的拓扑结构内部扩散，随着个体特征数据的丰富，与个体自主性特征结合存在探索空间，通过定义用户间凝聚力和传播控制因子构建真实的动态传播过程得到情景不同的传播路径，进而避免了不必要的传播路径现象，使得建模不但提高了精确性，而且大大提高了效率。但是影响力问题是 NP 难问题（NP-hard problem），要想得到效果显著的结果依然是一个耗时的过程。本算法在面对超大型网络时，效率优势明显下降，该问题仍待解决。在未来工作中，将考虑用户间多种关系，多种影响类型，并分析不同场景的应用特征，确保所选种子节点综合各种情况后可以产生最大影响效果。

案例 11：有源人工表面等离激元 Fano 共振传感器

周永金*

 **案例来源**

Zhou Y J, Li Q Y, Zhao H Z, et al. Gain-assisted active spoof plasmonic fano resonance for high-resolution sensing of glucose aqueous solutions [J]. Advanced Materials Technologies，2020，5（1）：1900767

DOI：10.1002/admt.201900767

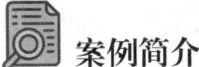 **案例简介**

低成本、高灵敏度、非侵入性的微波集成传感器的研究具有重要的经济和社会意义。表面等离激元 Fano 共振可有效抑制辐射损耗，是获得窄带光谱响应和高局域电磁场增强效应的一种有效途径，已被证实具有更高的折射率敏感度（Figure of Merit，FOM）以及 Q 值，因此在表面等离激元纳米结构领域引起了广泛的研究兴趣。在大多数情况下，虽然高 Q 值的 Fano 共振线宽较窄，但是共振强度极小。另外，当非对称参数增加时，Fano 共振幅度增强，而品质因数 Q 降低，Fano 共振的高共振强度（调制深度）与高品质因数不可兼得，同时实现具有高 Q 值和高共振强度的 Fano 共振仍然是一

---

* 周永金，上海大学通信与信息工程学院教授、博士生导师。主要研究方向：表面等离激元超材料、智能超表面、计算电磁学等。

个挑战。本论文提出一种有源人工等离激元 Fano 共振结构，该结构的 Q 值和共振强度都得到了显著增强。提出的有源 Fano 共振结构与实验室集成芯片上完全兼容，该方法具有小型化优势，同时可以与微流体平台集成，以执行高效和准确的水溶液测量。利用两个叠加的刻槽金属环构造了无源等离激元 Fano 共振结构，并在无源结构中集成了一个亚波长放大芯片来放大 Fano 共振。实验结果表明，Fano 共振的测量 Q 值从 49 提高到 2 802，测量的共振强度从 19.89 dB 提高到 37.42 dB。葡萄糖浓度微小变化的敏感度称为 LOD（Limit of Detection）。实验证明，可实现的 LOD 达到 10 mg/dL。

 方法谈

1.1 选题与立题

本论文的选题以本课题组成员的研究方向为基础，关注表面等离激元器件科研前沿与热点。

由于人工局域表面等离激元（Localized Surface plasmons, LSPs）多极共振模式比偶极谐振模式更尖锐，因此该种模式具有更高的灵敏度。更进一步，基于人工 LSPs 的 Fano 共振具有独特的非对称共振线形和尖锐的光谱色散，对局域环境的变化具有更强的敏感性。但是，同时实现具有高 Q 值和高共振强度的 Fano 共振仍然是一个挑战。数值计算和实验证明，利用外场直接激发出反对称暗模可以实现同时具有高共振强度和高 Q 的 Fano 共振。然而，测量到的 Fano 共振的 Q 值只有 62，而且由于金属相关的吸收损耗，测量到的共振强度也很低。当被测样品是微波频率下的极性液体（高损耗介质，如水）时，在超构材料中损耗（包括辐射损耗和非辐射损耗）将使得传感器的灵敏度极大降低。

突破点和创新思路的产生是建立在对上述研究现状的分析之上的。充分了解目前 Fano 共振的研究现状，知道该领域的瓶颈和不足。针对这些瓶颈问题提出相应的解决方法，即是创新思路，即是突破点。因此，本论文引入了有源放大器件，提出一种有源人工等离激元 Fano 共振结构，该结构的 Q 值和共振强度都得到了显著增强，并实现 LOD 达到 10 mg/dL。

1.2 设计原理

本论文中图 1（a）和图 1（b）显示了无源人工等离激元 Fano 共振器的三维结构和俯视图，其中包含四个垂直堆叠的介质层。第一层和第三层为相同的人工等离激元谐振器，第二层为聚甲基丙烯酰亚胺（polymethacrylimide，PMI），PMI 的相对介电常数为 1.05、厚度为 1.4 mm。底层为微带线（黑色虚线），用于激励人工等离激元谐振器上的 LSPs 模式。谐振器由刻槽圆环和介质基板（F4B）组成，刻槽圆环刻蚀在 F4B 上，F4B 的相对介电常数为 $2.65+0.002i$。覆铜的厚度 t 为 35 μm 和衬底的厚度为 0.5 mm。谐振腔长度 l 为 52.8 mm。变形环的槽深 l_g、槽高 w_g、刻槽周期 p 分别为 3.8 mm、0.8 mm、2.12 mm；微带线的长 l_m 和宽 m_m 分别为 10.3 mm 和 1.3 mm。

本论文图 2（a）是利用有限元法的高频结构仿真软件（High-Frequency structure simulator，HFSS）对无源 Fano 共振结构的透射系数 S_{21} 进行计算的结果。对于人工 LSPs 谐振器，偶极和四极模式分别出现在 0.75 GHz 和 1.49 GHz，分别标记为 M_1 和 M_2。对于无源 Fano 共振器，模式 m_1（低于 M_1）、模式 m_1'（高于 M_1）和四极模式 m_2 分别在频率为 0.681 GHz、0.985 GHz 和 1.351 GHz。此外，在 m_1 和 m_1' 模式之间观察到一个传输零点（也称为消逝点），标记为 m_1''，这源于两个等离激元谐振器的近场耦合。这里，定义 Fano 共振的共振强度是 m_1' 和 m_1'' 的透射系数之差。第一层、中间层（PMI 层）、第三层之间的观测表面上的电场分布，图 2（b）是观测平面在结构中的分布示意图，图 2（c）和图 2（d）是观测平面上的二维电场分布。从上面、中间和底部的 $x\text{-}y$ 平面的仿真电场分布清楚地看到，m_1 模式是 antibond 模式，被相同的电荷排斥（同相场分布），m_1' 的模式是 bond 模式，受相反电荷分布（不同相的场分布）影响，相互吸引。

影响 Fano 共振的主要参数是两个叠加的 LSPs 谐振腔之间的距离，

图 3（a）给出了距离 h 对 Fano 共振的影响。其中，图 3（a）是利用全波仿真有限元法（Finite Element Method，FEM）得到的。可以看出，当距离 h 增加时，使得 Fano 共振强度降低，这是由于两个 LSPs 谐振腔之间的近场耦合降低。此外，模式 m_1 和模式 m_1' 之间的频率分裂变大。当 h 分别为 0.6 mm、1.4 mm、1.6 mm 时，模式 m_1 与模式 m_1' 的差频分别为 0.191 GHz、0.237 GHz、0.363 GHz。我们可以观察到，当 h 增加时，bond 模式 m_1' 的共振频率增加，但 m_1 和 m_2 模式的共振频率几乎不变。因此，Fano 共振不是源于 m_1' 和 m_1/m_2 模式之间的相消干涉。

为了更深入地了解其物理机制，本论文采用了耦合模理论（Coupled-Mode Theory，CMT）来解释其物理机制。CMT 公式表示如下：

$$i\omega \begin{bmatrix} m_{11} \\ M \\ m_{1n} \end{bmatrix} = \begin{bmatrix} i\omega_{11} - \gamma_{11} & L & 0 \\ M & 0 & M \\ 0 & L & i\omega_{1n} - \gamma_{1n} \end{bmatrix} \begin{bmatrix} m_{11} \\ M \\ m_{1n} \end{bmatrix}$$
$$+ \begin{bmatrix} i\kappa_1 & L & 0 \\ M & 0 & M \\ 0 & L & i\kappa_2 \end{bmatrix} \begin{bmatrix} m_{21} \\ M \\ m_{2n} \end{bmatrix} + \begin{bmatrix} \tau_1 \\ M \\ \tau_n \end{bmatrix} S_m \quad (1)$$

$$i\omega \begin{bmatrix} m_{21} \\ M \\ m_{2n} \end{bmatrix} = \begin{bmatrix} i\omega_{21} - \gamma_{21} & L & 0 \\ M & 0 & M \\ 0 & L & i\omega_{2n} - \gamma_{2n} \end{bmatrix} \begin{bmatrix} m_{21} \\ M \\ m_{2n} \end{bmatrix}$$
$$+ \begin{bmatrix} i\kappa_1 & L & 0 \\ M & 0 & M \\ 0 & L & i\kappa_2 \end{bmatrix} \begin{bmatrix} m_{11} \\ M \\ m_{1n} \end{bmatrix} \quad (2)$$

$$S_{out} = \cos(g_1\varphi)\eta_1 m_{11} + L + \cos(g_n\varphi)\eta_n m_{1n} \quad (3)$$

$$T = \left| \frac{S_{out}}{S_{in}} \right| \quad (4)$$

其中 m_1、m_2 和 n_1 分别代表上层（第一个共振器）共振器和下层共振器（第二个共振器）的共振模式。ω_1、ω_2、ω_3 代表模式 m_1、m_2 和 n_1 的固有共振频率。κ_1 和 κ_2 是两个谐振器间的耦合强度。τ_1 和 τ_2 是 LSPs 谐振器和微带线激励源之间的耦合系数。η_1 和 η_2 为 LSPs 共振器和输出微带线的耦合系数。γ_1, γ_2 和 γ_3 为 LSPs 谐振器的内部损耗。图 3（b）是 Fano 共振结构的透射系数随上下两个 LSPs 共振腔之间的距离 h 变化的 CMT 理论结果，可以看到与图 3（a）的全波仿真结果吻合较好。共振频率 ω_1、ω_2、ω_3 分别为 0.728 GHz，1.523 GHz，和 0.93 GHz，对应上层谐振器和下层谐振器的 LSPs 谐振模式。对于 $h = 1.4$ mm 时，$\tau_1 = 0.2$，$\tau_2 = 0.1$，$\eta_1 = 0.12$，$\eta_2 = 0.085$，$\kappa_1 = 0.5$，$\kappa_2 = 0.21$，$\gamma_1 = 0.005$，$\gamma_2 = 0.002$，$\gamma_3 = 0.002$。正如预期的那样，Fano 共振是由上层的亮（辐射）LSPs 模式和下层的暗模式（在 m_1 和 m_2 模式之间）的相消干扰引起的。从沿垂直线（本论文图 3（c）中的红色虚线）的归一化电场分布可以看出，对于 m_1 和 m_2 模式，上层与下层耦合较弱，上层电场很小。而 m_1' 模式的耦合较强，上层谐振腔的电场较大。由此进一步证明了 Fano 共振（对应于 m_1' 模式）是上下 LSPs 谐振腔耦合的结果。这里 Fano 共振的 Q 值由 $Q = f_0/\mathrm{BW}_{3\,\mathrm{dB}}$ 计算，其中 f_0 为共振模式 m_1' 的共振频率，$\mathrm{BW}_{3\,\mathrm{dB}}$ 为 3 dB 带宽。

1.3 仿真与实验验证

本论文中图 4（a）是使用无源 Fano 共振器测量水溶液实验装置的三维视图，在共振器上放置一个透明的塑料杯。图 4（b）为无源 Fano 共振传感器在塑料杯中有无高损耗 DI（Deionized）时仿真和实测的透射系数 S_{21}。由于加工误差（不同层间存在微小间隙）和仿真设置与制作样品之间的介电常数误差，测量结果存在频率偏差和传输损耗。在 m_1' 模式下，仿真计算的 Q 值为 217，共振强度为 52 dB；而测得的 Q 值仅为 49，共振强度为 21 dB。将 100 mL 去离子水（DI）倒入杯中，测量出的透射曲线如图 4（b）所示。我们观察到共振频率有明显的偏移，这意味着 Fano 共振对周围材料的介电常数的变化很敏感。然而，由于被测材料具有较高损耗，测量的共振强度从 19.89 dB 下降到 3.37 dB，Fano 共振的测量 Q 值从 49 下降到 9.7。因为测量的介电常数变化与共振强度成正比，无源等离激元 Fano 共振结构不适合高分辨率测量。

为了提高 Q 值和共振强度，我们提出使用有源人工等离激元 Fano 共振器，图 5（a）是在无源 Fano 共振结构中集成一个亚波长芯片的结构图。图 5（b）为制作的样品。红色虚线区域为放大器芯片，图 5（c）为芯片的放大示意图，该芯片为 Avago Technologies 公司的低噪声放大器（Low Noise Amplifier，LNA）芯片 MGA-53543，它的一个典型的增益为 15.4 dB（0.05～6 GHz），和隔离电容值 C 为 2.2 pf。

图 6（a）是在有源的情况下，测量的人工等离子体 Fano 共振结构的传输系数 S_{21}。与无源 Fano 共振器相比，我们观察到当放大器芯片上施加最优偏置电压（2.2 V）时，Q 值从 49 增加到 2 802，Fano 共振 m_1' 的强度显著增加，从 19.89 dB 增加到 37.42 dB。因此，有源等离子体 Fano 共振腔中的放大器芯片可以有效地补偿这损耗。此外，可以观察到，在有源结构中只有 Fano 共振变得非常尖锐，而 m_1 模式和 m_2 模式并没有变的狭窄。图 3（c）中，上、下层共振器间的耦合较弱，并且电场强度很小。上层共振器上集成放大芯片，当调节放大器芯片的偏置电压时，Fano 共振模式的耦合增强，上层共振器的电场增强。因此，只有 Fano 共振（m_1'）模式才能被有效放大。当施加的偏置电压发生变化时，图 6（b）是对应的实测透射系数 S_{21}。实验结果表明，在最大 Q 因数和共振强度的情况下，存在一个最优的应用偏置电压。m_1 模式的优化偏置电压为 2.2 V，Q 值为 2 802，共振强度为 37.42 dB。

为了确定实验测量过程中 Fano 共振的稳定性，研究了 Q 值、m_1 模的共振强度的误差图。偏压从 1 V 增加到 5 V，每个电压测量 5 次。为了显示实验引起的误差，从五组数据中选取偏差最小的值。m_1 的 Q 值和共振强度的变化与图 7 中不同偏压下 Fano 共振的变化很好地吻合。对于 m_1'，偏置电压 2.2 V 的最大 FOM 为 74 980。从图 7（a）、（b）分别为不同电压下，模式 m_1 的 Q 值和共振强度的误差图，从图中可以看出共振强度、Q 值和 RI（Resonant Intensity）值有较大的误差。这是由于 m_1 随着偏压的增加而不稳定造成的。实验观察到，随着偏压的增加，Fano 共振相对稳定，共振强度和 Q 值之间有一个小误差。

本论文图 8（a）为基于有源等离子体 Fano 共振的传感器实验设置：基于有源等离激元 Fano 共振器具有良好的性能，有源等离激元 Fano 共振器用于测量葡萄糖水溶液的微小变化。当向透明塑料杯中加入 100 mL DI 水时，放大器芯片的最佳施加偏置电压为 4.6 V。当葡萄糖水溶液浓度从 100 mg/dL 到 120 mg/dL，步长为 10 mg/dL 时，图 8（b）为施加的偏置电压 4.6 V 时，不同葡萄糖浓度下 S_{21} 的测量结果。葡萄糖水溶液浓度为 100 mg/dL 时，共振频率为 1.177 5 GHz，待测材料为 DI 水时，共振频率为 1.179 25 GHz，频移为 1.75 MHz。当葡萄糖浓度改变 10 mg/dL 时，共振频率改变为 1.176 33 GHz（110 mg/dL）和 1.175 79 GHz（120 mg/dL）。因此，提出的有源人工等离激元体 Fano 共振器能够用于高分辨率的葡萄糖溶液传感测量。

1.4 论文框架

如施一公先生所说，写科研论文，最重要的是逻辑，逻辑的形成来自对实验数据的总体分析。必须先讨论出一套清晰的思路，然后按照思路来作图和表。所以，同学们要清楚仿真和实验完成后其实只是完成了一小部分。具体写作时，先按照思路（这也是同学们需要和导师反复讨论的）写一个框架，然后开始具体写作。初稿重在逻辑：前后句的逻辑关系、两段的逻辑关系、前后呼应。不必追求完美。写作时，尽可能一蹴而就，一气呵成，排除外界事务干扰，争取在最短时间内写出来。大家看到的论文架构一般是首先给出要阐述的器件结构，然后进行理论分析给出设计原理，最新进行仿真和实验验证。而实际工作中，仿真和实验往往出于直觉，容易完成，但是理论分析不易，而这也是大多数同学欠缺，需要反复和导师讨论的，没有这样的理论分析，难以提高文章水平。

1.5 摘要、引言、总结的内在逻辑

有了理论分析，整体框架确定后，开始修改稿的撰写。修改时仍以逻辑为主，对每一句话都要推敲一下。尤其是摘要的关键语句要字斟句酌。摘要

是文章的重要组成部分，应当简明扼要。如本论文中，第一句和第二句阐述研究背景，即介绍 Fano 共振的广阔应用范围及其缺点：Q 值与谐振强度成反比。在第三句中引出本论文的研究目的和研究工作，提出一款增益辅助的基于 Fano 共振的高灵敏度传感器。接着第五和第六句总结论文的工作，本论文提出的传感结构是同时具有高 Q 值和较大谐振强度的 Fano 共振传感器，它的分别率可达到 10 mg/dL^{-1}。接着在第六句中引出文章工作的应用前景，基于所提结构的优良性能，可以用于检测浓度变化很小的葡萄糖溶液。

个人认为最难的是引言的撰写，内容要条理清晰，充分恰当地介绍研究历史和评价同行工作，从而引出自己的工作。如本论文中的引言内容包括研究背景和研究意义、发展现状和论文提出的方法/结构。第一段介绍了糖尿病威胁着人类的健康，以及目前的各种检测手段及方式，引出目前用于检测血糖的传感器的限制——灵敏度高于 20 mg/dL^{-1}。这一段介绍了研究背景以及研究的意义。第二段着重介绍基于人工超构材料的各种传感器的发展现状，在此基础上第三段介绍有源传感器的传感性能，其是在无源人工超构材料传感器上加载有源器件提升传感性能的。进而提出在人工超构材料中引入有卓越性能的 Fano 共振用于提升传感性能。基于以上提出的有源结构提升传感性能的方法和 Fano 共振的抑制辐射损耗的优点，直接引出第四段介绍论文的工作，即增益辅助的基于 Fano 共振的高灵敏度传感器的研究。

总结也就是对论文所做工作的一个归纳，应包括做了什么，达到了什么样的目的，有什么样的应用前景等，有的工作还会指出工作的不足以及改进的方法。在本论文的总结中先是介绍做了一款无源的 Fano 共振的传感器，为了提升其传感性能，提出增益辅助 Fano 共振传感器，得到了兼具高 Q 值和大的谐振强度的高灵敏度传感器。基于论文提出传感器的优越性能，自然而然引出论文提出结构的应用前景。总结部分使论文结构更加完整，但要特别注意总结和摘要的不同，很多同学论文中两者重复过多。总结要突出研究意义和应用前景，或指出研究局限和存在的问题，以及将来可以继续进行研究的方向。

最后投稿前，一定要整体读一遍文章。

案例 12：二氧化碳激光制备保偏光纤螺旋长周期光栅

姜　晨　刘云启　赵云鹤　牟成博　王廷云[*]

案例来源

Jiang C，Liu Y Q，Zhao Y H，et al. Helical long-period gratings inscribed in polarization-maintaining fibers by CO_2 laser [J]. Journal of lightwave technologies，2019，37（3）：889－896

案例简介

随着第五代移动通信技术和光纤通信及传感技术的发展，特种光纤及特种光纤器件的需求量不断增长。信息技术的发展与不断完善，特别是云计算、大数据、物联网等新兴产业的发展，更加加大了对特种光纤器件的需求量。长周期光纤光栅作为一种模式耦合器件，能实现光纤纤芯基模到高阶纤芯模式或者高阶包层模式的转换，其在光纤通信以及光纤传感系统有广泛的应用前景。基于保偏光纤的长周期光纤光栅能实现纤芯模式到高阶偏振包层

---

[*] 姜晨，上海大学博士研究生。主要研究方向：长周期光纤光栅。
刘云启，上海大学通信与信息工程学院教授、博士生导师。主要研究方向：光纤通信与光纤传感技术。
赵云鹤，上海海事大学物流科学与工程研究院副教授、硕士生导师。主要研究方向：光纤传感技术。
牟成博，上海大学通信与信息工程学院教授、博士生导师。主要研究方向：超快光纤激光器、纳米光子功能材料、先进光纤器件等。
王廷云，上海大学通信与信息工程学院教授、博士生导师。主要研究方向：特种光纤、光电信息处理。

模式的转换，保偏光纤长周期光栅不但可以作为光纤偏振滤波器、光纤偏振模式转换器、光开关、起偏器、偏振相关损耗补偿器等应用于光纤通信系统，且利用其正交偏振包层模式不同的传感特性还能实现多参量光纤传感、矢量传感。二氧化碳激光刻写技术因其低成本、高精度、灵活设计、高效率等优点广泛应用于长周期光纤光栅的制备，传统二氧化碳激光逐点刻写方式用于制备保偏光纤长周期光栅时存在重复性差、效率低等问题，在此基础上采用螺旋折射率调制的方式制备光栅可以有效解决以上问题。通过优化参数，将二氧化碳激光刻写技术与高精度位移旋转系统结合，我们成功在保偏光纤上制备了螺旋长周期光纤光栅，并研究了保偏光纤螺旋长周期光栅的模式耦合特性、偏振特性等。通过对所制备光栅的传感特性进行系统研究，包括光栅的温度、应变、环境折射率、扭转响应，发现保偏光纤螺旋长周期光栅能实现温度与应变的同时测量；能够作为一种高灵敏度的光纤扭转传感器；能够实现环境折射率的高灵敏度测量等。因此，该光栅器件无论是在光纤通信系统还是光纤传感系统均有潜在地应用价值。

 方法谈

1.1 选题与立意

随着高速光纤传输系统的发展，为了满足基于特种光纤模分复用、空分复用系统的发展需求，长周期光纤光栅作为一种全光纤模式耦合器件，对其结构与性能提出了新的要求。光纤器件的研究这一课题可以通过将研究范围细分以寻找突破点与创新点。作为一种光纤无源器件，我们可以从基础理论研究、制备技术创新、应用研究这三个方向寻找突破口。由于制备技术往往与器件结构、性能密切相关，我们研究的突破口主要集中在制备技术上。近些年来，螺旋长周期光纤光栅作为一种新型长周期光纤光栅，不但具备传统长周期光纤光栅的波长选择性，还具备与光栅旋转方向相关的圆偏振旋转特性。螺旋长周期光纤光栅是在光纤上引入强非对称折射率调制来提高写入效率,既包括光纤轴向也包括光纤角向折射率调制,这种非对称折射率调制使得光栅器件具有较高的偏振相关损耗,较高偏振相关损耗的光纤器件无论是对于光纤通信还是光纤传感系统都是不利的。因此,本研究聚焦在如何解决螺旋长周期光纤光栅制备过程中,由于非对称折射率调制导致光栅器件具有高偏振相关损耗的问题。

1.2 创新与突破点

解决上述问题有两种思路:第一,通过优化制备工艺尽可能减小光栅制备过程中引起的非对称折射率调制,以及降低光纤几何物理形变来防止器件具有较高偏振相关损耗;第二,可以反向思考,如何利用器件高偏振相关损耗这一特性来开发具有新型功能的光栅器件。我们选择了第二种思路。保偏光纤具有二维非对称结构与强双折射特性,保偏光纤长周期光纤光栅能够实现纤芯基模到正交偏振包层模式耦合,并且正交偏振包层模式在波长上有非相关性,因此,保偏光纤长周期光栅能够实现极高的偏振相关损耗,这也是保偏光纤长周期光栅的重要特性之一。根据这一特点,保偏光纤可以实现偏振滤波、偏振模式转换、偏振相关损耗补偿。研究表明,通过二氧化碳激光逐点写入保偏光纤长周期光纤光栅过程中需要精确控制保偏光纤应力柱与激光曝光方向的夹角,而采用螺旋折射率调制的方式不仅可以克服二氧化碳激光刻写保偏光纤长周期光纤光栅过程中由应力区所导致的刻写重复性差等问题,还能提高刻写效率。

原文图 2 (a) 为制备螺旋长周期光纤光栅的系统示意图,我们采用激光刻写过程中旋转并平移光纤的方式制备螺旋折射率调制型长周期光纤光栅。原文图 2 (b) 为制备的保偏光纤螺旋长周期光纤光栅示意图。通过对光栅的光谱测试,如原文图 3 所示,我们成功制备了不同周期且具有高效率模式转换的保偏光纤螺旋长周期光栅,所制备的保偏光纤螺旋长周期光栅能够高效率实现偏振包层模式的转换,因此,单一光栅具有两种不同的透射光谱,分别对应保偏光纤快轴模式和慢轴模式透射光谱。这也是与常规长周期光纤光栅最大的区别之一。该论文的创新之处主要在以下两个方面:第一,解决螺旋长周期光栅器件高偏振相关损耗问题；第二，实现了保偏光纤长周期光纤的高效制备。创新之处往往是在解决问题的过程中被慢慢发掘的，当提出解决某一种问题的新方法时，即为创新点。所以，研究就是发现问题到解决问题的一个过程。当我们提出一种新的方法时，其理论依据、有效性、优点、创新点等都是需要考虑论证的，在已有的研究基础上寻求新的突破，选题与立意的思路也就是：提出问题，解决方法，实验论证。

光栅制备后，我们对其模式耦合特性、偏振特性、传感特性进行了系统研究。实验发现，无论是作为偏振滤波器，还是作为偏振相关损耗补偿器，或是光纤传感器，与常规长周期光纤光栅相比，保偏光纤螺旋长周期光栅都具有优势，在原文中我们对其不同的特性进行了分析。通过特性研究、分析可以挖掘保偏光纤螺旋长周期光栅的潜在应用价值，这也是为了更好地去了解制备的器件的优点与缺点。

1.3　论文主题框架

随着实验研究的完成，我们需要通过构建关键问题解决论文的主题框架。科技论文的提纲就是框架，也是一篇文章的骨架与脉络。主要包括摘要、前言、理论分析、实验结果和结论这五个方面。首先需要确定写作主题，主题就是论文的本质、目的，它与结论密切相关，也是我们最想让读者获得的有价值信息。一篇好的文章一定是具有清晰的逻辑的，我们在确定初稿前需要整体把握全文。大量的数据需要我们总结，除了前面所说的提纲之外，最重要的、最直观的就是文章的图表了，原文表1是我们总结的保偏光纤螺旋长周期光栅的折射率特性，从表中可以直观地了解不同模式、不同波长谐振峰的折射率灵敏度，用数据直接告诉读者。类似的还有原文中的表2，表2为我们所得出的实验指标与同类型其他文献的比较，通过对比可以了解不同类型器件的优点和劣势。当你有大量数据需要处理时，最好的办法就是利用图表直观地表达，这样整个规律也更加明确。当一项研究所有的数据都以图表的形式展现出来的时候，那么这篇文章90%的内容已经完成。所以，从你的数据上也能大致看出论文的主题框架。

1.4 论文发表后的反思

论文写作一定要突出自己的主题，让读者很容易抓住你要表达的重点。一个好的题目有助于强化我们的写作主题，让读者一眼就能把握我们的研究方向，以论文"二氧化碳激光制备保偏光纤螺旋长周期光栅"为例，题目简单明了，包含三个关键词，"螺旋长周期光栅""保偏光纤"和"二氧化碳激光"，即采用二氧化碳激光刻写技术在保偏光纤上制备螺旋长周期光栅。

摘要中可以明确表达观点，提出了什么方法解决了什么问题，达到了什么实验效果，亮点是什么，或是达到了哪些指标，具有哪些应用价值，让读者一眼就能看到你做了什么工作。本论文中，我们提出并证明了利用二氧化碳激光制备保偏光纤螺旋长周期光栅的方法。光栅的最大偏振相关损耗达到近 30 dB，光栅的最大折射率灵敏度为 $-7\,248.8$ nm/RIU，温度与应变灵敏度分别为 158.8 pm/℃ 和 3.17 pm/$\mu\varepsilon$，最大扭转灵敏度为 5.98 dB/(rad/m)（顺时针）和 -5.97 dB/(rad/m)（逆时针）。这种光栅可以作为一种高灵敏度的光纤传感器或者偏振相关补偿器。

最重要的是引言部分，也是最难写的一个部分。当然，国内外研究现状是你在做研究之前就需要充分了解的，我们在写文章的时候只需要将这部分文献资料进行整合。一般从研究背景开始写，国内外研究现状是什么，别人做到什么程度，目前存在哪些问题，哪些问题亟待解决。为了解决该研究领域中的某一问题，我们提出了某一新理论，或者新方法可以很好地解决这一问题，又或者将某些指标进行了显著性提高。所有的叙述都应循序渐进，前后关联，而不是简单的文献堆积。引言也是一篇文章最重要的部分，即我们为什么要做相关研究以及我们的创新点，前面的铺垫是为了引出我们的研究，我们需要广泛调研，深度发掘工作的亮点。特别地，在这一部分内容中，注意在引用、复述、整合、概述、归纳别人材料的时候一定要避免重复。本论文中我们概述了长周期光纤光栅特别是保偏光纤长周期光栅在光纤系统中的应用，调研了目前国内外保偏光纤长周期光栅制备的进展，提出了目前存在的问题，以及各种不同制备方式的优缺点。探讨了如何去解决目前所存在的问题以及我们所用的这种制备方法的优点。

第三部分是理论分析，每一项科学研究都有基础理论支撑，在我们进行实验研究之前应该已经进行了可行性论证，一项好的研究并不在于我们做了多少实验，完成了多少工作量。在实验之前往往需要进行大量计算与仿真，毕竟仿真比实验寻求规律更具有可行性。在理论支撑下通过仿真寻求解决问题的方法，寻找规律。然后，通过部分实验验证理论计算规律是否正确。所以，一篇好的文章理论分析必不可少，但是，这并不代表论文写作过程中往上堆公式即可，理论分析一定是能够对我们实验分析起支撑作用的，通过两者的结合来支撑我们的研究。通过简洁的写作完成实验部分的叙述，在写作中应使用主动语态，变换句型，避免使用很长的句子，避免使用较多的缩写，缩写不利于文章的可读性。结论和摘要的重要性相当，这并不意味着结论是简单的重复摘要内容，要避免结论似摘要。结论往往起到对全文研究的总结，是对课题提出、理论分析、实验数据经过推理、判断、归纳等逻辑分析之后得到的规律。阅读一篇文章时，首先看标题、摘要、引言、结论，证明结论的重要性。还有一部分内容就是参考文献，参考文献一定要具有代表性，格式应规范。

好的论文是修改出来的，当完成初稿后我们也许想急迫地确定终稿完成投稿。但是必须给自己足够多的时间来重新考虑和修改你的文章。对于初稿，我们已经将自己的研究写出来了，它不再是一堆数据，我们可以把它当成是一篇文献去精读，可以给自己提出各种问题，目前的版本它是否是一个更加完善的版本，是否分析阐述清楚，是否还存在技术性问题，这些都是需要考虑的。如果我们自己都能提出各种技术性问题，审稿人与读者一定会有相同的疑问。所以，我们需要进一步完善论文。当所有技术性问题都解决后，还需要给自己足够的时间完成论文最后的润色，包括风格、语法、期刊格式，在这个过程中必须反反复复不厌其烦地修改，使论文最终版本尽可能的清晰。当我们投稿后，并不意味着这部分工作的结束，经过漫长的审稿周期，也许还需要进行更详细的实验补充，别人看待问题的视角永远和我们自己有所区别，审稿人提出的问题都是宝贵的意见，通过解决别人提出的一些问题可以进一步完善自己的研究。总之，出版之前我们需要反复完善工作，不仅是写作,还包括我们的实验数据。

1.5 论文引用与评价

文章发表两年多来,被引用次数达到 20 次,引用文章主要聚焦在二氧化碳激光制备螺旋长周期光纤光栅这种特殊的调制方式,以及保偏光纤长周期光纤光栅的传感性能,特别是其温度与应变传感特性,基于光强度调制的扭转传感特性。此外,基于保偏光纤的螺旋长周期光纤光栅在谐振波长处的偏振消光比高达 30 dB,这也是它与传统单模光纤相比最大的特点之一,这一特性也获得了很大的关注。

1.6 展望

论文发表后多次被引用,意味着我们的工作至少得到了部分同行的认可。回顾整个过程,不单是完成了一个课题,更多的思考是我们的研究有什么得意之处,解决了什么实际问题,是否可以将自己的研究运用到实际应用中去。从这篇论文来看,我们提出了一种基于保偏光纤的螺旋长周期光纤光栅,并且对其特性进行了研究,探讨了它在光纤通信以及光纤传感系统的潜在应用价值。显然,我们的课题不会因为这篇论文的发表而结束。接下来,我们的研究重点将聚焦在制备的保偏光纤螺旋长周期光栅的应用上,深度发掘它的传感应用价值,特别是在矢量曲率传感、矢量磁场传感、光纤激光器等领域的应用。一个好的研究不会因为一篇文章的发表而结束,它一定是一个可持续发展、不断完善、改进、突破的过程。

案例13：基于表情定制式生成对抗网络的人脸生成模型

曾 丹*

案例来源

Dan Z, Liu H, Lin H, et al. Talking face generation with expression-tailored generative adversarial network [C] //Proceedings of 28th ACM International Conference on Multimedia（MM'28）2020：1716-1724
https://dl.acm.org/doi/10.1145/3394171.3413844

案例简介

近些年来，如何生成栩栩如生的人脸视频受到了来自计算机视觉和多媒体分析领域研究者的广泛关注，人脸讲话生成模型可以用于电影及动画的制作、虚拟体验等，有着广泛的市场应用价值。为最大限度地符合人的感官，生成的视频除了须满足语音与唇形同步的要求外，一个关键问题是如何保留讲话人身份且视频中讲话人的面部表情保持自然流畅，这通常需要将从不同模态输入中解耦出的具有丰富信息量的特征，再融合至统一模态。在这篇论文中，我们提出了用一个端到端的基于表情定制式生成对抗网络的人脸讲话生成模型（Expression-Tailored Generative Adver Sarial Network, ET-

---

* 曾丹，上海大学通信与信息工程学院教授、博士生导师。主要研究方向：计算机视觉、多媒体信息处理。

GAN)来生成拥有着丰富表情的人脸讲话视频，且视频中的讲话人可以拥有任意指定的身份。不同于现有的基于讲话人身份图像及语音的人脸视频生成模型，我们的方法中以一段表情丰富的任意身份的人脸视频作为表情源来指导模型生成视频。我们提出了使用一个表情编码器用来从表情丰富的指导视频中解耦出表情定制的表征，同时用一个音频编码器解耦出与音频和唇形相关的表征。与仅仅使用单张图像作为身份输入的模型不同的是，基于多图像的身份编码器被用于从不同角度下的人脸图像中提取身份特征，并融合为统一表征。我们使用多个辨别器来确保图像及视频细节的真实性，其中包括空间域-时间域的辨别器来保证虚拟表情和面部动态的视觉连贯性。我们从量化分析、表情保留质量以及视频-音频的同步率多个方面进行了详尽的实验分析，实验结果表明我们提出的 ET‐GAN 模型在生成高质量多表情人脸视频上取得了比肩现有最优算法的效果。此项成果于 2020 年发表在多媒体领域顶级会议 ACM Multimedia 上，得到了广泛的关注和认可。

 方法谈

1.1 论文选题

论文的选题通常是需要结合课题组成员的研究方向与工业界的实际应用价值两个方面考虑，本论文主要关注在计算机视觉与多媒体分析领域的科研热点和市场需求。近些年来，随着高性能显示和计算设备的推广以及人们生活水平和审美观念的提高，对海量高清电影和动画的需求急剧增长，自然地催生了广阔的应用市场。如何生成逼真的图像和视频成为计算机视觉和多媒体领域的一个研究热点，在本论文选题中，我们选择了贴合视频生成这一研究方向。同时，论文的选题应当着重于热点方向中的某一具体课题，这样才可以为读者提供更明确的研究思路和参考价值，以本论文为例，我们具体研究视频生成问题中人脸视频生成这一课题。

语音驱动的人脸视频生成一直是计算机图形学领域的热门研究课题，近几年随着深度神经网络和生成对抗网络的迅速发展,该课题逐渐成为计算机视觉领域的新兴热门研究方向。该课题主要研究如何根据人物身份信息和给定语音信号自动生成说话的人脸视频,生成的视频中人物嘴部动作和输入语音信号相匹配。在现实层面,该课题有广泛的应用,包括修正影片动画口型,合成画面中的被遮挡人脸,生成虚拟新闻主播等。基于以上丰富的应用场景,对语音驱动的人脸视频生成的研究有着切合实际的现实意义,它也将成为未来虚拟仿真和人工智能等热门领域的重点研究方向之一。总之,语音驱动的人脸视频生成有着极其重要的理论和应用价值。综上所述,本论文选择这个课题展开详细的研究工作。

1.2 研究现状和出发点

一篇优秀的科研论文关键要突出研究者的出发点,而这通常是从对现有课题的背景分析,以及对研究现状的归纳总结中得到的。以人脸视频生成为例,通常情况下,现有工作中人脸视频的生成是给定一张目标身份图像和任意一段语音来生成一段人脸视频,生成的视频内容通常为目标身份的人脸讲述给定的语音。最新的相关方法中采用解耦音频-视频表征的方式来完成音频与唇形的同步。此外,基于生成对抗网络的图像到图像翻译模型被广泛用于表情丰富的人脸图像生成。

Chung 等于 2017 年提出的 Speech2Vid 是基于计算机视觉的语音驱动的人脸视频生成的开山之作,该方法对于输入的人物身份图像和输入语音分别使用两个编码器进行特征提取,人物身份特征和语音特征连接后输入图像解码器获取该人物在当前时刻语音所对应口型的图像,最后视频帧序列生成最终视频结果。由于某些音素可能有多个与之对应的口型,这种歧义性对于深度神经网络的影响是在所难免的,为了解决该问题,Song 等[2]考虑到语音的时间依赖性提出条件递归生成网络,以生成准确的口型-语音同步,该网络综合了当前时刻和之前时刻的语音特征,使得口型和面部动作的过渡更加平滑。Zhu 等[3]将视频和语音视为两个不同但有着密切关联的分布,利用互信息预测器描述视频和语音之间的潜在关联,以提升对抗学习过程中的稳定性和生成图像的质量。Zhou等[4]认为语音信息不仅可以来自输入语音信号，还可以来自视频序列中的人物口型。因此，该方法试图使用对抗训练的方法从输入视频序列中分离人物身份特征和语音特征，同时作为驱动生成人物对应口型。Chen等[5]提出两阶段的生成方法，使用语音特征生成人脸关键点口型的连续变化，然后和人物身份结合，使用注意力机制生成口型和关键点一致的人物图像。

有了上述对课题的背景分析和现有算法的归纳总结，论文的出发点和突破点就要建立在与之相应的分析上，或是来强调课题中未被解决的关键点，或是克服现有工作的瓶颈。基于上述对常识人脸视频生成和表情图像生成的总结，以及自然流畅的人脸视频离不开生动丰富的表情这一关键点，我们提出用一段任意身份的表情视频来指导给定身份图像和语音的人脸视频生成，即在给定人物身份图片和语音信号的条件下，加入一段任意的表情视频作为表情驱动，引导生成口型-语音同步，同时具有自然面部表情的说话人脸视频。

生成生动的人脸视频具有相当程度的挑战性，原因主要有以下三个方面：第一，人类的视觉感官系统对视频的逼真程度有着极高的要求，仅仅将唇形与音频做同步而缺乏生动自然的表情是不可取的；第二，音频与视频的同步也有着严格的要求，捕捉人脸的细微变化与语音中的震动尤为关键；第三，由于人脸的几何结构和运动复杂度，生成可信的微表情较为困难。综上可知，通过对课题背景和现有工作的梳理，我们自然的找到了工作的突破点，接下来的理论创新与论证也将围绕这些突破点展开。

1.3 创新与建模

创新是科研工作的核心，同样也是学术论文的"灵魂"，而创新离不开对现有理论算法的深入理解和运用。科研工作中的创新通常包含基于现有理论面向应用的模型创新，以及基于应用场景的新理论的提出。我们以第一种创新为例，并结合人脸视频生成来对如何进行创新进行阐述。对于理论层面的模型创新，在现有理论的基础上应该同时兼顾方法的合理性、可行性和新颖性。针对目前研究方案的不足和问题，展开对后续科研发展有切实推进意义的研究工作。首先应该通过对之前相关工作充分的调研总结，掌握目前的最新成果水平、研究现状以及主流的算法方案。在调研学习的基础上，确定我们的创新点研究方向，分析确定创新方向的可行性，展开具体的理论方法研究。以本论文为例，基于对课题的背景分析和现有算法的归纳总结，同时针对上述的三个挑战，并结合对相关问题的分析，我们针对能够生成任意丰富生动的面部表情展开研究，提出以一段任意身份且表情丰富的视频作为向导建立基于对抗生成网络的模型，通过融合表情、人脸图像以及语音等多模态特征来生成表情丰富且音画同步的指定身份的人脸视频。模型流程图如论文原图 2 所示。

具体来讲，以一段表情丰富的训练视频为例，对模型的训练进行描述：我们提取了四种模态的特征，其中包括：① 提取人脸关键点并结合 PCA（Principal Component Analysis）降维和 GRU（Gate Recurrent Unit）抽取关键点特征；② 随机采样单张人脸视频帧或多张视频帧，通过注意力机制结合卷积神经网络抽取身份特征；③ 通过基于 3D 卷积神经网络的视频表情编码器提取视频流中的表情特征；④ 通过预训练的音频编码器抽取音频特征，此外还通过添加高斯噪声来丰富生成的特征。上述多模态特征以级联的形式进行融合后，通过帧解码器得到多模态输出。我们通过将生成的人脸关键点以及人脸视频分别送入视频帧辨别器、光流辨别器以及序列辨别器的方式，将其与原始输入进行差分约束，以此优化整个编码解码过程。

1.4 实验设计与验证

如果说模型的建立是科研工作的"灵魂"，那么实验方案的设计与论述就是论文的"肉体"。完善的实验方案可以对模型进行充分的验证，并增强论文贡献的可信度。通常来讲，计算机视觉与多媒体方向实验分为三大类：第一类实验是对模型整体的验证以及与相关算法的对比。这一类实验通常借由该研究课题常用的数据集、常规的评价指标、公平的实验环境设置以及相关工作中的最优模型结果来一起完成，即在大规模数据集上，采用与相关工作公平的实验环境,来评估相应的指标并与现有的最优模型进行比较分析。第二类实验是消融类型的实验,主要是指通过对提出模型进行模块化的增减、对参数的调整等来评判模型每一部分的有效性和鲁棒性。第三类实验则是根据计算机视觉与多媒体研究方向的特点,结合给定的课题和模型,通过将部分中间和最终结果进行一定程度的可视化来增强论文的可读性,帮助读者对抽象模型有形象的认知。下面我们以本论文中的实验章节为例,展示各类实验是如何设计和验证的。

为公平地进行实验,比较以验证模型成分的有效性,我们在两个公开的人脸视频数据集上进行评估,即CREMA-D和GRID数据集。选择这两个数据集的原因如下:CREMA-D由随着时间变化的表情序列构成,视频中的人用不同的基本情绪如高兴、生气、恐惧等去朗读一定长度的语句,适合于研究多模态的表情和情绪生成问题;而GRID数据集则由高质量音频和人脸视频构成,由18名男性和16名女性朗读固定长度的短语。我们采用了业内统一的标准划分训练集、验证集和测试集,并计算了包括PSNR(Peak Signal-to-Noise Ratios)、SSIM(Structural Similarity Index)、ACD(Average Content Distance)等在内的8种指标对生成视频的真实度、音画同步度、表情准确度等进行了度量,比较了较为经典的和现有最优的视频生成模型,包括Speech2Vid、DAVS、ATVG以及SDA等。如原文表1所示,可以看到提出的ET-GAN在两个数据集的大部分指标上都取得了较优的结果。值得一提的是,Speech2Vid、DAVS和ATVG算法在整张图上应用了重构损失,所以它们在PSNR和SSIM指标上效果较好,但在生成的视频中很难看到自然的微表情,相比于这些方法,本论文提出的模型通过以给定身份的人脸视频作为表情源来指导视频的生成,在生成的视频中有着较好的细节表现。

为进一步验证提出模块的有效性,我们进行了消融实验,通过不同的编码器特征以及对辨别器的删减来逐一验证关键模块对整体效果带来的提升。如原文中表2所示,可以看到光流辨别器、表情编码器特征等都有着不可或缺的作用。具体来讲,去除了表情编码器E^e的模型在PSNR、SSIM、表情分类的准确率、FID(Frechet Inception Distance)以及LPIPS(Learned

Perceptual Image Patch Similarity) 等各项指标上效果较差，且生成的视频缺乏自然分丰富的表情。但我们也观察到这个模型在唇形和音频的同步方面效果较好。此外，光流辨别器 D_{optical} 主要约束畸变的产生和生成内容的流畅，当光流判别器被去除时，唇形与音频的同步率较低。鉴于我们研究的课题对于生成人脸视频的生动程度、流畅程度、同步程度等都有着较高的要求，我们在论文中为更加直观地显示模型的效果，还进行了一定比例的可视化，如原文图 6-8 所示，我们可视化了部分不同身份不同情绪下的视频帧。

1.5 写作的逻辑

学术论文写作的一个关键点是贯穿整篇论文的严密的逻辑性。这里写作的逻辑性与实验的逻辑性略有不同，优秀的文章要起到给读者娓娓道来一个"故事"的作用，这个"故事"要有丰富的背景，有鲜明的特点，有严密的架构及论证。对研究课题深入的调研和归纳总结会对论文的背景描述和出发点部分起到至关重要的作用，同时通过对已完成实验的整理，将实验的细节与提出模型的出发点一一对应，可以使论文的主干饱满且富有说服力。写论文绝不仅仅是将实验过程完整地记录下来，更像是通过结合自身对课题的理解，将研究思路和实验内容进行巧妙的融合，并以发现问题，提出假设，验证模型，总结展望的方式讲解出来，让读者在读懂所提出模型的同时，能够进一步的借鉴和拓展。

1.6 投稿与发表后的反思

以本论文为例，在学术会议论文的投稿过程中，我们也收到了来自多位审稿人的审稿意见，并一一进行了回复和修正，也通过这种方式认识到了写作过程中的一些注意事项。在学术论文中，除了严密的写作逻辑和充足的实验架构外，优化的图表编排、标准的学术用语、实验实现细节的注释以及对后续工作的探讨等都会是包括审稿人在内的广大读者所关注的东西。俗话说"细节决定成败"，在科研学术论文的写作工程中一定要把握包括选题、建模、实验论证以及图文注释的每一个环节。

参考文献

[1] Chung J S, Jamaludin A, Zisserman A. You said that? [J]. arXiv: 1705.02966, 2017.

[2] Song Y, Zhu J W, Wang X L, et al. Talking face generation by conditional recurrent adversarial network [J]. arXiv: 1804.04786, 2018.

[3] Zhu H, Zheng A H, Huang H B, et al. High-resolution talking face generation via mutual information approximation [J]. arXiv: 1812.06589, 2018.

[4] Zhou H, Liu Y, Liu Z W, et al. Talking face generation by adversarially disentangled audio-visual representation [C] //Proceedings of the AAAI Conference on Artificial Intelligence. 2019, 33: 9299-9306.

[5] Chen L L, Maddox R K, Duan Z Y, et al. Hierarchical cross-modal talking face generation with dynamic pixel-wise loss [C] //Proceedings of the IEEE Conference on Computer Vision and Pattern Recognition. 2019: 7832-7841.

案例14：基于多尺度分割的视觉显著性模型：显著性树

刘 志*

 **案例来源**

Liu Z, Zou W. Le Meur O. Saliency tree：A novel saliency detection framework [J]. IEEE Trans. Image Process，2014，23（5）：1937-1952

DOI：10.1109/TIP.2014.2307434

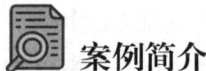 **案例简介**

视觉显著性模型长期以来作为一个热点研究课题，对于推动基于内容的图像/视频处理应用的研究与发展至关重要。笔者在10年前开展相关研究工作时，当时已有的模型对于具有杂乱背景、非匀质对象、过大和过小尺度的对象、低对比度的复杂图像，所生成的显著性图尚不能以清晰的边界完整地凸显显著对象区域并有效地抑制复杂的背景区域，这一缺陷严重影响了基于内容的图像/视频处理应用的性能。为了克服这一缺陷，笔者尝试在多尺度区域分割的基础上构建一个视觉显著性模型，提出了显著性树（Saliency Tree）模型，使显著性的表示具备了可分级性，并有效提升了对复杂图像生成的显著性图的质量。在当时通用的5个数据集上进行了充分的实验和评

---

* 刘志，上海大学通信与信息工程学院研究员、博士生导师。主要研究方向：图像与视频处理、计算机视觉、机器学习、多媒体通信。

估，显著性树模型均取得了优越的显著性检测性能。显著性树模型的论文发表之后，受到了国内外同行的广泛关注与引用，并入选了 ESI 高被引论文；在 2015 年底国际顶级期刊 IEEE TIP 上发表的显著性模型性能测试报告中，显著性树模型位列 6 个性能最优的模型之列。显著性树模型作为深度学习时代之前一个有特色的工作，为推动视觉显著性模型研究领域的发展做出了贡献。

方法谈

1.1 选题

视觉显著性模型在近 20 年来一直是国际前沿的一个热点研究课题，其生成的可表征视觉重要性的显著性图，是众多基于内容的图像/视频处理应用（诸如显著对象检测与分割、内容感知的图像/视频缩放、检索、编码、质量评价等）所依赖的重要信息，对这些应用的性能而言至关重要。因此，在十多年前选择视觉显著性模型这一研究课题，一方面在于其具有广泛的适用性，另一方面也有助于开展与之相关的众多基于内容的图像/视频处理技术的研究，从理论模型到具体应用，可以使课题组从事的研究具有较好的连贯性和可扩展性。

1.2 当时的研究现状分析

目前深度学习在视觉显著性模型研究领域已经占据了重要地位，而在 2011 年本论文的研究工作开始构思和设计时，深度学习尚未兴起。当时已有的视觉显著性模型相当一部分是基于人类视觉系统的中央周围差异（Center-Surround）机制，在多种尺度下计算任一中央区域在手工提取的各种各样的特征上与其周围区域的差异作为显著性度量；而其余的模型则基于信息论、图论、控制论、频域分析、统计模型、监督学习等理论与方法，从不同的角度对视觉显著性进行了颇具创新性的定义与度量。

笔者对当时已有的众多模型进行了仔细的梳理与分析后发现：大多数模型生成的显著性图整体上是模糊的或者分辨率低于原始图像/视频，通常只能凸显显著对象的部分区域，而且也会凸显局部差异性强的背景区域，这样的显著性图可能适合用于预测人眼注视点，但难以有效地用于大多数基于内容的图像/视频处理应用中；而在像素聚类和区域分割的基础上构建的一些模型生成的显著性图虽可更完整地凸显显著对象区域，但对于具有杂乱背景、非匀质对象、过大和过小尺度的对象、低对比度的复杂图像，当时已有的模型生成的显著性图尚不能以清晰的边界完整地凸显显著对象区域并有效地抑制复杂的背景区域，这一缺陷将严重影响基于内容的图像/视频处理应用的性能，如显著对象检测与分割的可靠性与准确度的下降以及缩放后图像/视频的视觉质量下降。

1.3 突破点和创新思路

通过进一步的分析和思考，笔者认为已有模型中多尺度分析的策略及在区域分割基础上构建模型的特点应该继承下来并发扬光大，而造成缺陷的主要原因在于单一尺度的区域分割结果不能有效地表示复杂图像，多尺度分析也只是采取矩形等固定形状及预设的尺度，缺乏灵活性，难以在复杂图像中合理地度量显著性。因此，自然产生了一个想法，何不尝试在多尺度区域分割的基础上构建一个视觉显著性模型？那时，现有的模型还没有这样来做的，因此值得一试。

又经过一段时间的思考，逐渐形成了一条创新思路：首先利用多尺度分割来获得图像在不同细节程度上有意义的区域表示，以适合不同复杂程度的图像，有效地表示不同尺度的显著对象区域及背景区域；然后利用二叉树记录图像的多尺度区域分割结果，通过合理有序地度量结点的显著性，来生成显著性树作为一种新的显著性表征方式，使显著性的表示具备了可分级性；最后基于显著性树既可直接提取不同尺度的区域级显著性图，又可从其衍生出高质量的像素级显著性图。

1.4 显著性树模型

以下对基于上述思路提出的显著性树模型[1]作一简要介绍。对于如显著性树模型论文［1］中图 2（a）所示的具有复杂背景和非匀质对象的原始图像，利用 gpb-owt-ucm 算法[2]为其生成如图 2（b）所示的超度量轮廓图，采用不同的阈值对超度量轮廓图进行二值化以生成如图 2（c）、(f) 所示的细/粗尺度区域分割结果；为细尺度区域提取区域直方图，并计算区域直方图之间的相似性作为区域间相似性度量，以此为计算区域显著性的基本依据。然后，计算每个细尺度区域的全局对比度和空域稀疏性，分别如图 2（d）和（e）所示，同时计算每个粗尺度区域属于显著对象的先验概率，如图 2（g）所示，将以上三方面的度量结合区域间相似性度量来融合生成初始的区域级显著性图，如图 2（h）所示，可以看出能凸显出复杂图像中的显著对象，但不够均匀，而且未能抑制一些背景区域。

接着，提出了基于显著性且具有动态尺度控制的区域合并方法来生成显著性树，以获得图像的多尺度区域表示，具体如下所述：在上述细尺度区域分割基础上，计算区域直方图作为每个区域的统计模型并借以度量区域间的相似性，融合区域间的显著性差异以及动态地控制合并区域的尺度，来确定区域合并的次序；然后进行区域合并以生成二叉树即为显著性树，并在区域合并过程中不断更新区域的统计模型、区域间的相似性度量和显著性差异，直至合并成整个图像区域。显著性树如论文［1］中图 3（a）所示，其中每个叶子结点对应一个细尺度分割的区域，而每个非叶子结点对应区域合并过程中生成的一个新区域，可以看出在区域合并过程中生成了一些不同尺度下有意义的区域。

最后，提出了系统的显著性树分析方法，具体包括基于区域级中央周围差异机制的结点选择准则、基于显著性可视水平的结点选择算法以及区域显著性修正算法。如论文［1］中图 4 所示，基于多个显著性可视水平上生成的区域选择结果，对区域级显著性图进行修正并从中选择出最优结果（V_{10} 所在列），据此生成最终的区域级显著性图（图 4 右数第 2 列）。基于每个像素与邻近区域的相似性来对这些邻近区域的显著性进行加权融合，可进一步生成高质量的像素级显著性图（图4最右一列）。

1.5 实验评测

在当时通用的 5 个数据集（MSRA、ASD、SED、SOD、PASCAL-1500）上对显著性树模型进行了显著性检测性能的测试，并与多个显著性模型进行了比较。论文［1］中图 7 所示为在当时规模最大的 MSRA 数据集[3]（总共 5 000 张图像）中部分图像（图 7 左起第 2 列为显著对象的二值模板）上的实验结果，采用显著性树模型（ST，图 7 最右一列）和 11 种已有模型（包括了 ECCV'2012 显著性检测性能测试报告[4]中性能最优的 5 个模型以及之后提出的 6 个模型）生成的显著性图，可以看出，显著性树模型展现了对复杂图像更强的鲁棒性及良好稳定的显著性图质量，能够更好地以准确的边界完整地凸显显著对象区域并有效地抑制复杂的背景区域。

作为客观评价，论文［1］中图 13 所示为各种显著性模型在 MSRA 数据集上的 Precision（查准率）- Recall（查全率）曲线（简称 PR 曲线），可以看出显著性树模型的 PR 曲线要明显高于其余模型，因此也客观地验证了显著性树模型具有更好的显著性检测性能。为了更直接地评价各种显著性模型生成的显著性图适于显著对象分割的程度，论文［1］中图 15 所示为对各种模型在 5 个数据集图像上生成的显著性图进行自适应阈值分割后所获得的显著对象分割结果的平均 F-measure 值。可以看出，显著性树模型获得的 F-measure 值在所有 5 个数据集上全面超越了其余的模型，因此也客观地验证了显著性树模型所生成的显著性图更适于显著对象分割。

1.6 同行评价

显著性树模型的论文发表之后，受到了国内外同行的广泛关注与引用，并入选了 ESI 高被引论文，截至 2021 年 4 月已被引用 230 次（Google 学术搜索)，SCI 引用 182 次。部分同行评价如下：

(1) 2015 年底，国内外多位知名学者在顶级期刊 IEEE TIP 上发表了显著性模型性能测试报告，在参与测试的 41 个模型中，显著性树模型 (ST) 位列 6 个性能最优的模型之列[5]（From the results obtained so far, we summarize in Fig. 21 the rankings of models based on average performance over datasets in terms of segmentation methods, center bias, salient object existence, and run time. Based on the rankings, we conclude that: "*DRFI, QCUT, RBD, ST, DSR, and MC are the top 6 models for salient object detection.*"）。

(2) 大连理工大学卢湖川教授领导的研究组在顶级期刊 IEEE TIP 上评价显著性树模型 ST 在较高的查全率范围内表现出了相当高的查准率，能够强力地抑制图像的背景区域，并认为 ST 的优势归功于所提出的多尺度分析的策略[6]〔We observe that *the ST model has a competitive high value of precision in the recall range from 0.7 to 1.0* (see Fig.7 (j))，which means they have *a strong capability to suppress the image background* (even assigning small saliency value is not allowed). This advantage is probably attributed to the sentimental hierarchical analysis and the multi-scale scheme in their work.〕。

(3) 西班牙加泰罗尼亚理工大学 Vilaplana 教授研究了在图像多尺度分割基础上构建的显著性模型，在著名期刊 Signal Processing：Image Communication 上评价显著性树模型 ST 在这类模型中具有最优的显著性检测性能[7]〔*Saliency Tree (ST) is the best performing method*, closely followed by our two models (SOH and HP) and Hierarchical Saliency (HS).〕。

1.7 进一步的工作

显著性树模型的论文发表之后，一方面我们将视觉显著性模型的研究扩展到视频、RGB‐D (Red-Green-Blue Depth) 图像等，另一方面也注意到深度学习模型的涌现以及在性能上的巨大优势，开展了更广泛深入的研究并取得了一系列研究成果[8-15]，继续为推动和繁荣视觉显著性模型研究领域做出我们的贡献。

参考文献

[1] Liu Z, Zou W, Le Meur O. Saliency tree: a novel saliency detection framework [J]. IEEE Trans. Image Process., 2014, 23 (5): 1937-1952.

[2] Arbelaez P, Maire M, Fowlkes C, et al. Contour detection and hierarchical image segmentation [J]. IEEE Trans. Pattern Anal. Mach. Intell, 2011, 33 (5): 898-916.

[3] Liu T, Sun J, Zheng N, et al. Learning to detect a salient object [J]. IEEE Trans Pattern Anal Mach Intell, 2007.

[4] Borji A, Sihite D N, Itti L. Salient object detection: a benchmark. ECCV, 2012, part II, LNCS 7573, 414-429.

[5] Borji A, Cheng M M, Jiang H, et al. Salient object detection: a benchmark [J]. IEEE Trans. Image Process., 2015, 24 (12): 5706-5722.

[6] Li H, Lu H, Lin Z, et al. Inner and inter label propagation: Salient object detection in the wild [J]. IEEE Trans. Image Process., 2015, 24 (10): 3176-3186.

[7] V Vilaplana. Saliency maps on image hierarchies. Signal Processing: Image Communication, 2015, 38: 84-99.

[8] Liu Z, Zhang X, Luo S, et al. Superpixel-based spatiotemporal saliency detection [J]. IEEE Trans. Circuits Syst. Video Technol., 2014, 24 (9): 1522-1540.

[9] Ye L, Liu Z, Li L, et al. Salient object segmentation via effective integration of saliency and objectness [J]. IEEE Trans. Multimedia, 2017, 19 (8): 1742-1756.

[10] Song H, Liu Z, Du H, et al. Depth-aware salient object detection and

segmentation via multiscale discriminative saliency fusion and bootstrap learning [J]. IEEE Trans. Image Process., 2017, 26 (9): 4204-4216.

[11] Liu Z, Li J, Ye L, et al. Saliency detection for unconstrained videos using superpixel-level graph and spatiotemporal propagation [J]. IEEE Trans. Circuits Syst. Video Technol., 2017, 27 (12): 2527-2542.

[12] Zhou X, Liu Z, Gong C, et al. Improving video saliency detection via localized estimation and spatiotemporal refinement [J]. IEEE Trans. Multimedia, 2018, 20 (11): 2993-3007.

[13] Li G, Liu Z, Ling H. ICNet: Information conversion network for RGB-D based salient object detection [J]. IEEE Trans. Image Process., 2020, 29: 4873-4884.

[14] Li G, Liu Z, Ye L, et al. Cross-modal weighting network for RGB-D salient object detection [C] //Proc. ECCV, Glasgow, Aug. 2020.

[15] Li G, Liu Z, Chen M, et al. Hierarchical alternate interaction network for RGB-D salient object detection [J]. IEEE Trans. on Image Proce., 2021, 30: 3528-3542.

案例 15：基于 C‑V2X 直连通信的车辆编队行驶性能优化

姜之源　付思雨　张舜卿*

 案例来源

付思雨，姜之源，张舜卿. 基于 C‑V2X 直连通信的车辆编队行驶性能优化 [J]. 中兴通讯技术，2020，26 (1)：30‑34

https://www.zte.com.cn/china/about/magazine/zte-communications/2020/cn202001/specialtopic/202001007.html

案例简介

现有的自动驾驶解决方案大部分聚焦在基于单车智能的感知和决策上，即通过车辆自身的传感器（包含毫米波雷达、激光雷达、摄像头等）对环境（交通信号、道路状况等）进行感知，然后据此进行车辆控制决策（如加减速、刹车等）。然而，由于感知能力、认知能力和处理能力的限制，单车智能解决方案目前仅适用于一些简单场景（如恒定时距自动跟车），而针对一些更为复杂的典型场景（如路口高效率通过、高速行驶变道超车等）则需要智能网联辅助的自动驾驶。目前主流的车联网通信技术有 2 种：专用短程

---

* 姜之源，上海大学通信与信息工程学院教授、博士生导师。主要研究方向：车联网、无线通信。
付思雨，上海大学通信与信息工程学院硕士研究生。主要研究方向：车联网、智能网联驾驶。
张舜卿，上海大学通信与信息工程学院教授、博士生导师。主要研究方向：绿色传输与高能效网络。

通信技术（Dedicated short Range Communication，DSRC）、基于蜂窝移动通信系统的蜂窝车联网技术（Cellular‐V2X，C‐V2X）。相比之下，C‐V2X具有标准可演进、技术领先、商业更优等优势。本论文致力于研究C‐V2X技术在车辆编队领域的应用，其中短距离直接通信接口——PC5被用于队列内部成员之间的通信。PC5接口又提供了2种资源分配方法：模式3，为集中式资源分配，用户设备（User Equipment，UE）从基站（EvolvedNodeB，eNodeB）请求传输资源，随后eNodeB采用半持续、动态的调度方法分配资源；模式4为分布式资源分配，不涉及蜂窝基础设施，UE自主进行资源选择。与分布式资源分配相比，集中式资源分配除了覆盖范围有限外，还需要额外的基站与车辆之间的交互，这可能会导致更多的延迟和开销。此外，如果连接到基站的车辆速度较大，则可能需要频繁地切换。基于这些原因，在车辆编队的通信中，采用了与基站无关的PC5模式4技术。但由于模式4的传输是仅基于感知的且是半持续的，而重选过程又可能以一定的概率导致额外的冲突，因此，其可靠性远远低于集中式分配方案。针对该特性，本论文以权衡包可靠性和最终编队串稳定性能的关系为出发点，提出了传输间隔优化与平行驾驶2种性能优化方案，并通过城市交通仿真器（Simulation of Urban Mobility，SUMO）进行了仿真验证。结果证明，所提方案均能在基于模式4的低可靠性传输下实现编队性能的优化。

方法谈

1.1 选题与立题

本论文的选题以本课题组的研究方向为基础，关注车联网科研前沿与热点。随着全球贸易的发展，对货运的需求逐年增加，而公路运输在全部货运方式中占了很大的比重。在欧盟，运输业的二氧化碳排放量约占总排放量的21%，而其中又有26%的排放归因于公路货运。高排放往往对应高油耗，美国能源部（Department of Energy，DoE）发现标准卡车在100 km/h的速度下会消耗53%的汽油用于克服空气阻力。因此，降低卡车的空气阻力对提高燃油经济性和减少二氧化碳排放十分有意义。

一种主流的降低阻力的方法即车辆编队，通过缩短车辆之间的间距，使得后车可以进入前面车辆的气流尾流区，并受益于前车的气流屏蔽效用。传统的仅依靠单车智能的恒定车头时距编队方案在较高车速条件下会使车辆维持较大的间距，而网联自动驾驶技术辅助的恒定车间间距方案则不受车速的限制，即可一直保持较小的间距。然而，通信技术的引入在提升性能的同时也带来了诸多问题，本论文即针对通信的低可靠性对车辆编队的影响展开研究。

1.2 研究现状与突破点

目前对车辆编队的研究主要集中于如何从控制算法上确保车队的串稳定性，例如 M. di Bernardo 等提出的共识控制器、J. Ploeg 等提出的输入信号前馈（Input Signal Feedforward, ISF）控制器、G. J. L. Naus 等提出的加速度前馈（Acceleration Feedforward, AF）控制器等，而对通信低可靠性的考量尚为缺乏。

本论文的突破点即在于考虑了实际模式4通信存在的低可靠性问题，结合最终编队性能提出了相应的优化策略，并在仿真平台上验证了提出策略的有效性。相比于一些现有的仅从无线通信角度出发的策略，本论文提出的策略综合考虑了实际应用系统的性能，并且不局限于某一通信过程或单一参数的优化。

1.3 理论创新与论证

创新往往是在提出问题的基础上进行的，在思考解决方法的同时也即进行了创新。在本论文中，考虑到传统的通信指标——高可靠低延迟通信（Ultra-Reliable & Low-Latency Communication, URLLC）的实现往往基于总资源数高度理想化的假设。对于实际的车辆编队场景，多辆车共享一段有限的时、频资源，URLLC 几乎难以实现。由此产生思考：基于模式 4 传输的车辆编队似乎永远达不到 URLLC，这是否等价于车辆编队的性能会长时间难以提升呢？再者，假设实现了 URLLC，是否就意味着性能达到最优了呢？针对这些问题，本论文提出了自己的理论创新并进行了论证。

首先假设通信上定义的 URLLC 与实际中编队性能最佳不等价，并尝试进行论证。我们选择车辆间交互的合作感知信息（Cooperative Awareness Message，CAM）周期为可变参量，以最大间距误差（即在整个仿真时长 t 内，对于所有成员车辆 i 而言，与前车的实际间距和目标间距的差值的最大值）为编队性能的衡量指标。经过实验，可以得出如原文图 3 所示结果。当 CAM 周期越大时对应产生的数据包数量越少，则通信网络的拥塞程度越低，也即可靠性越高。因此，从 URLLC 的角度看，对应的最佳点应该在 CAM 周期取值 200 ms 时。而实际上当周期为 40 ms 时，最大间距误差取最小值 2.01 m，对应编队性能最佳。由此可证上述假设。

随后需要思考为什么在 40 ms 之后编队性能随 CAM 周期增大而下降。从原理出发，CAM 的传输周期越大，则头车和成员车获取的信息的延迟越大，即在没有收到新的信息前它们只能利用更早之前接收到的信息进行计算和控制，由此导致了性能下降。因此，在选取传输周期时应在可靠和延迟两者之间进行权衡。

最后提出一种在减少数据包数量（即增加可靠性）的同时不增加延迟的机制——平行驾驶，即把成员车的运动模型同步到头车，以便头车预测成员车的运动状态，从而减少成员车需要广播的状态数据包。

1.4 实验验证与仿真验证

实验验证的第一步是搭建实验环境。通过查阅一些相关文献，可以大致得出自己所在领域常用的仿真软件。例如，交通模拟相关的软件有 VISSIM、SUMO、CarMaker 等，而考虑到需要具体控制车辆在每一步的行为，因此，本论文选择了开源的微观道路交通仿真软件——SUMO。SUMO 允许从其他交通模拟器（如 VISSIM、MATsim 等）读取网络，也兼容常见的地图格式（如 Open Street Map、openDRIVE 等），也支持用户自己定义网络。由于涉及的编队场景较为简单，因此，本论文选择自己定义一条具有双向四车道的高速公路。自己定义的网络主要由点（node）、边（edge）、连接（con）构成，可以通过 xml 文件直接修改或利用 Netedit 工具进行可视化的操作。除交通网络外，车流相关数据也可通过随机生成或用户自定义。在预搭建的仿真场景中，需要模拟多车以恒定间距编队行驶，因此，也选择自定义地在高速公路上放置 6 个队列，其中每个队列包含 8 辆车，7 辆为成员车。除了出发和到达属性（如车道、位置等）之外，SUMO 还可以为每辆车分配一个类型，该类型描述车辆的物理特性和运动模型的变量。因此，可以将车身长度设为 5 m，将车辆最大速度设为 33.33 m/s，将车辆最大减速度设为 2.94 m/s^2 等。此外还可以配置车辆的行驶轨迹，因此，设定每个队列中的头车均采用如原文图 2 所示的速度配置。而成员车的加减速则应由头车根据控制算法和无线信号进行控制，从而与前车保持目标间距。关于这一部分的模拟，需要借助 SUMO 提供的交通控制接口——TraCI（Traffic Control Interface）来实现。TraCI 的全称为交通控制接口，它可以通过基于客户端-服务器的 TCP（Transmission Control Protocol）协议架构和 SUMO 通信，在启动 SUMO 后，客户端 TraCI 会请求与服务端 SUMO 建立 TCP 连接，在 SUMO 接受连接后，TraCI 即可以发送命令至 SUMO 以控制仿真的运行，此后 SUMO 回复响应，并根据给定的命令做出改变。在整个过程中，无论是建立连接、发出指令还是关闭连接，都由客户端 TraCI 主动进行。借助 TraCI，可以实现外部应用与 SUMO 的实时交互。在论文中，即把通信过程的实现和编队算法的执行作为一个外部应用，并依据计算结果来实时检索和控制 SUMO 内部的一些车辆参数。

关于通信过程的实现，论文也对常见的网络仿真器进行了调研，结果显示现有的一些仿真器（如 NS2、NS3、OMNEeT++等）通常只提供 DSRC 采用的 IEEE 802.11p 协议相关的模块，而缺少对 C‑V2X 的支撑。因此论文决定依据 C‑V2X 采用的长期演进（Long Time Evolution，LTE）‑V2X/新空口（New Radio，NR）‑V2X 协议来自搭建一个仿真器，功能主要是提供每一次数据传输的包丢失率和延迟，以作为通信接口的抽象。由于仿真器是基于通信协议而搭建的,因此需要对协议有全面的理解,并依据一些协议规定的或大多数工作常设定的参数来进行相关配置。基于大量的文献调研和整理,仿真器的一些参数配置如下:路径损耗模型采用 WINNER II 信道的 B1 LOS 模型,天线高度为 3.5 m;采用对数正态分布阴影衰落模型,标准差为 3 dB;发送功率为 23 dBm,噪声功率为 −104 dBm;采用 QPSK 调制方式和 turbo 编码方式。

搭建好仿真环境,即可以进行一系列的验证实验。实验的设计需要从待论证点出发,如本论文中需要证明平行驾驶机制能够提升编队性能,因此,设计以引入平行驾驶机制前后的队列行驶作为两组对比实验,并选取最大间距误差为性能评估指标。此外,论文提出平行驾驶机制能够帮助提升编队性能的原因是它能减少数据包数量,提高包可靠性,因此需要以数据包传输数量/时间单位为中间指标来侧面印证论点。最终的仿真结果如原文图 4 所示,从图中可以看出,加入平行驾驶机制后,状态数据包的发送频率大幅降低,总的包可靠性随之提升,对应的最大间距误差也从 0.24 m 下降到了 0.07 m,性能大幅提升,即论点得证。

1.5　论文框架

论文框架即整个论文的"骨架",好的论文框架能够让读者快速了解整个论文的写作思路和论文内容。在论文的一开始,要点出论文的研究背景与意义,就如本论文开头介绍的智能网联自动驾驶的大背景,可以帮助读者快速了解论文的研究领域。随后介绍一些相关的研究技术,例如,编队控制模型和 C‐V2X 协议,来进一步补充研究细节以帮助理解。之后可以抛出论文的观点,如论文是着重于研究通信和实际应用性能的联合优化,以体现研究的贡献点。最后就是研究的具体内容和相应的论证,如论文采用了仿真验证的手段来证明平行驾驶机制的有效性。

1.6　摘要、引言、总结的内在逻辑

摘要是以提供文献内容梗概为目的,不加评论和补充解释,简明、确切

地记述文献重要内容的短文。其基本要素包括研究对象、方法、结果和结论。其中对象是论文研究、研制、调查等所涉及的具体的主题范围，体现论文的研究内容、要解决的主要问题；方法是论文对研究对象进行研究的过程中所运用的原理、理论、条件、材料、工艺、结构、手段、程序，是完成研究对象的必要手段；结果是作者运用研究方法对研究对象进行实验、研究所得到的结果、效果、数据等，是进行科研所得的成果；结论是作者对结果的分析、研究、比较、评价、应用等，是结果的总结，显示研究结果的可靠性、实用性、创新性，体现论文研究的价值与学术水平，是决定论文被检索的窗口。此外，在写摘要时还需注意一般不使用"本论文""作者"等作为主语，而是使用第三人称。

引言是对论文所涉及的研究进行的初步介绍，可以包括：论文的研究背景，说明的问题，研究拟采用的方法，研究的新发现及是否有学术价值等。引言和摘要的最大区别是：是否描述实验结果与结论。摘要作为读者判断文章可读性的重要文本，需要将研究结果展示出来；而引言是整篇文章的导读部分，仅为读者提供作者本人的研究目的和假设。

总结首先对整篇论文做一个简短的概括，然后列出在研究和开发工作中的贡献，最后对工作进度和水平进行实际评估。总结中也可以探讨待解决的问题和未来的研究方向。总结和摘要主要有五大区别：其一，摘要是全文的一个简介，应尽可能简短，而总结一般比摘要描述的更为详细；其二，摘要是给还没有看全文的人看的甚至可以给非专家阅读，因此摘要要求通俗易懂，尽量避免行话，而总结则可以包含更深奥的专业术语，主要可以帮助已阅读全文的读者记住一些要点；其三，摘要是独立阅读的文本，不能包含需要翻阅论文才能理解的符号和编号，而总结是给看了全文的人看的，因此，允许对章节、图表、公式和参考文献等的引用；其四，在摘要中须避免出现缩写语（除非给出定义）和数学符号（除非数学学科允许），而总结中可适当出现缩写语和数学符号；其五，摘要旨在突出当前做了什么及其意义，不指出未来需要做什么和有什么不足，而总结则相反。

1.7 论文发表后的反思

论文发表后应对论文工作的不足（如研究手段的不足、考虑的参数或样本的范围有限等）、未来可开展的工作（指由论文工作延伸出的相关工作）以及如何开展未来工作（如指出开展未来工作的大致思路，需要拥有什么样的条件才能开展未来工作等）进行反思。以本论文为例，针对车辆编队所采用的 PC5 模式 4 通信协议的可靠性低的特点，文章从侧面提出了 2 种方案来弥补可靠性的不足，进而对车辆编队性能进行优化。而后思考一些其他网联技术应用案例，是否可以采用这种通信和控制相结合的优化方式。尤其对于一些更复杂的场景（如城市十字路口、高速公路进出匝道等），信令的交互方式和车辆的行为均更加繁杂，提出的优化方式是否存在局限性。这些思考也进一步推进了我们后续的研究。

案例 16：时变信道 OFDM 系统的导频序列设计

盛志超　方　勇*

案例来源

Sheng Z，Tuan H D，Nguyen H H，et al. Pilot optimization for estimation of high-mobility OFDM channels [J]. IEEE Trans. Vehicular Technology，2017，66 (10)：8795-8806

https://ieeexplore.ieee.org/document/7902237/

案例简介

信道估计是信号有效传输和检测的基础，针对时不变信道场景下信道估计的研究已经比较成熟，在实际商用中也有成熟的解决方案。而针对时变信道场景下信道估计问题一直都是热点研究课题，在商用中依然存在较大的挑战。正交频分复用（Orthogonal Frequency Division Multiplexing，OFDM）技术作为一种特殊的多载波传输方案，在无线通信系统中得到了广泛的应用。由于采用循环前缀，OFDM 技术可以有效地解决多径时延问题。但是其对子载波间的频偏非常敏感，尤其是在时变信道场景下多普勒频移会破坏 OFDM 系统中子载波的正交性，导致严重的载波间干扰，进而影响通信性

---

* 盛志超，上海大学通信与信息工程学院讲师、硕士生导师。主要研究方向：智能无线通信。
　方勇，上海大学通信与信息工程学院教授、博士生导师。主要研究方向：通信信号处理、智能信息系统。

能。为了解决这一问题，本论文研究了时变信道场景下 OFDM 系统的导频序列设计问题，以最小化线性最小均方误差信道估计的均方误差为准则建立优化模型，提出采用序列二次规划和路径跟踪算法对以上问题进行求解，相关理论推导还可以应用至其他准则建立的优化模型，所设计导频序列的信道估计均方误差比当前研究结果低 4 dB。此项研究成果于 2017 年发表在 IEEE TVT 期刊，得到了较多的被引用和关注。

方法谈

1.1 选题与立题

本论文的选题以本课题组的研究方向为基础，关注无线通信领域的科技前沿热点。近年来，随着接入无线通信网络中的设备呈现爆发式的增长，移动通信用户对无线数据的高速传输和多媒体业务日益增长的需求，给无线通信系统带来了巨大的挑战。2008 年 8 月，设计时速 350 km/h 的京津城际铁路开通运营，至 2017 年 12 月"四横四纵"快速通道全部建成通车，预计到 2025 年建成 3.8 万公里的高铁网络，而欧洲的高铁网络也较为便利，主要以法国的 TGV 高铁和意大利的 Italo 为代表。我们可以看到，高铁的建设为人们的日常出行提供了极大的便利。另一方面，在高铁环境下，为保障乘客的多种无线通信业务需求和列车的无线通信控制等面临着很大的挑战。

通常，在通信带宽有限的条件下，有效提高通信频谱效率的关键技术有 OFDM 技术和多输入多输出（Multiple-input and multiple-output，MIMO）技术。OFDM 技术作为多载波调制技术之一，既可以认为是一种调制技术，也可以认为是一种复用技术。OFDM 要求各个子载波相互之间满足正交性，尽管可以通过快速傅里叶变换（Fast Fourier Transform，FFT）实现，但是，从理论到实际的应用经历了很长的发展过程。随着大规模集成电路的设计和生产工艺取得的快速进展，使得 OFDM 技术逐步被商业化，应用于无线宽带通信系统中。OFDM 的基本原理是把传输的数据流通过串并变换分解为多个低比特速率的子比特流,接着利用低比特速率的符号去调制子载波。由于低比特速率的符号周期增加,可以有效减少由多径时延扩展所带来的影响。另外,在每个 OFDM 符号之间插入保护间隔,一般保护间隔的长度大于信道的最大时延扩展,以此来消除多径传播导致的符号间干扰。

高质量的通信业务除了需要超高速的数据传输之外,还需要高可靠性的通信性能保障,而信道估计技术是保证通信系统高可靠性的关键手段之一,接收端的信道估计的性能直接影响着接下来的符号检测的性能,进而影响整个通信系统的性能。由于高铁的运行时速达到 300 km/h 以上,高铁和地面基站之间产生高速的相对运动,进而产生较大的多普勒效应,此时传统的信道估计方法(包括时不变信道估计方法和慢时变信道估计方法)都不再适用于高铁通信系统,因此,需要发展适用于高铁环境下无线通信系统的信道估计方法。一般而言,信道估计方法分为导频辅助信道估计、盲信道估计和半盲信道估计,对于高铁环境下 OFDM 通信系统,由于单个 OFDM 符号间隔内信道的冲激响应是时变的,只有采用导频辅助信道估计方法才能准确估计信道的快速变化。导频辅助信道估计方法是在 OFDM 符号的时频域内按照一定的规则放置发射端和接收端都已知的导频符号,经研究发现,导频符号的优劣严重影响着接收端中信道估计的性能,进而影响整个通信系统的性能,因此有必要对高铁环境下 OFDM 系统的导频符号设计开展相关研究工作。尽管业界提出了多种对 OFDM 系统的导频符号设计方案,但是针对高速移动场景下 OFDM 系统的导频符号设计还存在误差较大等问题,因此,本论文选择这个方向展开研究工作。

1.2 研究现状与突破点

近年来,针对 OFDM 系统的导频符号设计得到了广泛的研究。一方面,由于导频符号的功率分配会影响接收机的符号检测性能,因此国内外相关学者对此开展了研究工作。2005 年曼彻斯特大学的研究人员分析了时不变 OFDM 系统中导频符号对系统性能的影响;2010 年得克萨斯大学奥斯汀分校的研究人员针对 MIMO – OFDM（Multiple-Input Multiple-Output-OFDM）系统，推导了迫零均衡和最小均方误差均衡的平均误符号率，获得了导频符号最优功率分配比率；2011 年维也纳工业大学的研究人员分别基于最小二乘和线性最小均方误差（Linear Minimum Mean-Square Error, LMMSE）推导了信干噪比最大化的导频符号最优功率分配。另一方面，导频序列对 OFDM 系统的信道估计也起着非常重要的作用，一直是 OFDM 系统的研究热点。2007 年得克萨斯大学奥斯汀分校的研究人员认为对于双选择性信道，导频符号应该被设计为等间隔的簇状结构；2011 年德克萨斯大学达拉斯分校的研究人员只关注信道频率响应矩阵中位于三个主对角线上的元素，通过稀疏化信道频率响应矩阵并插值获得近似的信道频率响应矩阵，根据最小化插值的均方误差来设计导频序列；2012 年韩国科学技术院的研究人员针对簇状导频结构利用最大似然（Maximum Likelihood, ML）准则估计平均时变信道增益，通过最小化平均时变信道增益估计的均方误差来设计最优导频符号，由于该问题是非凸的优化问题，他们考虑最小化均方误差的下界来获得最优导频符号，可以发现这一逻辑存在问题。2015 年上海交通大学的研究人员利用压缩感知来估计时变信道。

本论文基于以上发现的问题作为研究的突破点，提出采用最小化 LMMSE 信道估计的均方误差。针对这一问题，我们提出采用序列二次规划和路径跟踪算法对以上问题进行求解，相关理论推导还可应用到最大似然估计准则和最小二乘（Least Squares, LS）估计准则。通过以上的研究过程发现，只有充分地深入调研相关国内外研究现状，才能发现本领域的研究不足和瓶颈。

1.3 理论创新与论证

由于单个 OFDM 符号间隔内信道的冲激响应是时变的，根据得克萨斯大学奥斯汀分校的研究成果，我们采用在每个 OFDM 符号中插入等间隔的簇状导频符号。假设每个 OFDM 符号中具有 N 个子载波，那么，信道频率响应矩阵有 N^2 个元素，我们可以发现如果直接估计信道频率响应矩阵，那么计算复杂度较高，并且计算量很大。通过调研发现，基扩展模型（Basis Expansion Model，BEM）可以用较低维度的参数捕获信道冲激响应的时变特性，计算复杂度也较低，因此，我们借助于基扩展模型估计连续 OFDM 符号之间的平均信道增益，这将大大地降低计算复杂度，同时也可以满足估计精度的要求。

另一方面，针对最小化 LMMSE 信道估计均方误差问题，我们调研了大量的文献，并没有找到类似的研究。然而，通过对目标函数的仔细分析，并结合多变量的优化函数的凹凸性判定，由于存在导频和数据子载波干扰，LMMSE 信道估计的均方误差属于非凸函数，直接对其优化非常困难。我们提出采用序列二次规划（Successive Quadratic Programming，SQP）将 LMMSE 信道估计的均方误差转化为凹二次函数，并提出一种路径跟踪算法收敛至局部最优解。同时，针对 LMMSE 信道估计的相关理论推导还可以运用到基于最小二乘和最大似然信道估计的导频序列设计的优化问题中。

1.4 实验验证

本论文考虑未编码单输入单输出的高速移动环境下 OFDM 系统，载波频率 $f=2.35\,\text{GHz}$，信道带宽为 $5\,\text{MHz}$，子载波数目 $K=512$。不失一般性，直射径的到达角 $\theta=0°$，循环前缀 $K_\text{CP}=6$，多径数目 $L=6$，最大路径延时 $(L-1)T_s$。根据中国的高铁运行环境来设置莱斯因子 K_R。非直射径的平均功率是按照路径时延的指数衰减，并服从经典的 Jakes 功率谱。由于信道是时变的，长度为 S 的导频序列被分隔为等间隔的导频簇，每个簇的长度为 $D=S/L$。

当列车时速为 $400\,\text{km/h}$，莱斯因子 $K_R=10\,\text{dB}$，导频数据 $S=32$，导频簇长度 $D=4$，算法求解的收敛性如原文图 1 所示，我们可以看到对于不同的信噪比，目标函数是单调下降的。原文图 2 比较了不同导频序列的信道估计性能，其中包括最小化 LMMSE 信道估计均方误差的导频序列、最小化 ML 信道估计均方误差的导频序列（在原文图 2 中的"Kim, et al."）、最小化 LS 信道估计均方误差的导频序列,以及 LTE(Long Term Evolution)标准中所采用的导频序列并结合 LMMSE 信道估计。这里 LTE 标准中导频序列是根据伪随机序列产生的,并由 Gold 序列定义。而且,LTE 标准中的导频序列依然按照导频簇长度为 $D=4$ 等间隔分布。另外,我们还考虑了随机导频序列并结合 LMMSE 信道估计,每个导频符号从 QPSK(Quadrature phase shift keying)星座图中随机选取。图 3 也提供了类似的比较,考虑了更长的导频序列。

从原文图 2 和原文图 3 可以发现,在信道估计方面,最小化 LMMSE 信道估计均方误差的导频序列会取得优于其他所有导频序列的信道估计性能。另外,在低信噪比区域,导频序列结合 ML 信道估计所获得的信道估计性能是最差的,但是在高信噪比区域,它会优于最小化 LS 信道估计均方误差的导频序列的性能,并逼近于最小化 LMMSE 信道估计均方误差的导频序列的性能。通过比较原文图 2 和原文图 3,我们可以看到通过采用更长的导频序列,可以获得更好的信道估计性能。当时速为 300 km/h 时,我们可以观察到类似于图 2 和 3 的性能曲线。

为了评估从平均路径增益 $h_l(m)$ 恢复完整路径增益的估计性能,在原文图 4 中 $N_c \in \{2, 3, 4\}$ 和 $SNR=25$ dB。信道估计方法采用 LMMSE 准则,采用最小化 LMMSE 信道估计均方误差的导频序列。我们可以看到,当 $f_D T \leqslant 0.1$(对应于 $v=442$ km/h), $MSE < 10^{-2}$。从原文图 4 我们可以判断出,当时变更快时,即 $f_D T > 0.1$,我们可以采用 $N_c > 2$。当 $S=32$, $D=4$,原文图 5 和原文图 6 分别描述了时速分别为 400 km/h 和 300 km/h 时的 BER(Bit Error Rate)性能。本论文采用连续干扰消除方法来对抗子载波干扰。可以观察到,在高信噪比时,采用 LMMSE 准则并结合 ISI (Inter-Symbol Interfevence) 消除所获得的 BER 性能,明显优于单抽头均衡。另外,同样采用 LMMSE 准则和 ISI 消除时,最小化 LMMSE 信道估计均方误差的导频序列优于采用随机导频序列和 LTE 标准中的导频序列。通过比较原文图 5 和原文图 6,当信道变化更快时,信道估计的质量将下降,导致差的 BER 性能。

1.5 论文框架

论文应该在层次、段落、前后呼应等方面体现出结构的严密性、思路的清晰性。在撰写文章之前，通常可列出大纲，本论文的外部框架有相对固定的格式，主要分为摘要、关键词、引言（前言、序言）、正文、仿真实验、总结和参考文献等。有一个好的大纲就能纲举目张，掌握全篇论文的基本骨架，使论文的结构完整统一。而内在的层次和段落需要布局谋篇，在正文的第一部分中首先介绍了高速移动环境下的信道模型并基于此推导了 OFDM 接收符号的表达式，接着采用基扩展模型推导了导频辅助的信道估计均方误差函数，点题并呼应文章主题。然后，在正文的第二部分中先考虑了最小化 LMMSE 的均方误差，为了求解这个非凸非线性优化问题，我们提出了采用序列二次规划和路径跟踪算法，并将其推广至其他准则建立的优化模型。上述理论的推导需要仿真实验的验证，通过仿真实验，验证了算法的有效性和方案的优越性。最后，对全文进行了总结。

1.6 摘要、引言、总结的内在逻辑

摘要提供关于论文主题部分的概要信息，质量较高的摘要能够帮助读者迅速和准确地识别文章的基本内容。通常我们在查找相关论文时，往往通过标题锁定研究领域，接着再通过摘要查找文章的细节部分。具体来说，摘要应当说明科研目标和研究范围，描述科研工作中所使用的具体研究方法，以及获得了怎样的结论。通常在我们在论文撰写过程中，摘要部分往往是在论文主体部分完成之后再进行补充的。而引言提供论文的研究背景信息，以便读者轻易地理解本论文的研究背景，且不需要为阅读文章做过多的文献调研相关工作。首先，引言应介绍进行此项科研工作的根本原因，也就是说为什么做，由此可以顺其自然地引出研究目标。其次，需要描述研究背景，包括研究现状分析，介绍所引用文献的研究成果，具体细节读者可以阅读对应的文献。需要注意的是，在这里可以提出自己的突破点或者创新思路，重点是

在阐明自己的创新性时，要紧密对照别人研究的不足来展开。总结是对文章的主要内容有一个简要的概括，这里需要留意的是，总结和仿真实验的结果不同，除非重要的研究发现，一般不需要重复介绍仿真实验中的结果。同时，总结中也可以对未来的工作作出展望。

1.7 论文发表后的反思

论文发表之后对论文的构思、撰写和投稿整个过程的反思都至关重要，通过对以上过程的总结归纳出经验和技巧，对以后科研论文的发表大有裨益。本论文发表之后，获得了国内外知名高校研究人员的关注和被引用。例如，南洋理工大学的 Wei Zhang 等[1]引用本论文研究了可穿戴设备数据传输的能耗；马德里卡洛斯三世大学的 Diego 等[2]引用本论文研究了车辆通信 OFDM 信道跟踪问题；北京交通大学的 Yan Yang 等[3]引用本论文研究了 5G V2X 车联网通信的信道估计问题；马来西亚理科大学的 Anthony 等[4]引用本论文研究了 OFDM 系统中稀疏信道估计的阶段确定匹配追踪问题；南洋理工大学的 Kushal 等[5]引用本论文研究了哈夫曼序列作为导频符号的 OFDM 信道估计问题。西南交通大学的 Li 等[6]引用本论文研究了高速铁路空地集成云网络的安全性资源分配问题；卡迪尔哈斯大学的 Habib 等[7]引用本论文研究了 OFDM 系统中基于子空间的快时变信道估计问题。本论文中所研究的 OFDM 导频符号设计方法是针对 4G/5G 高速移动场景的通信系统，文中所提出的优化算法是否适合未来的移动通信系统值得继续深入探索和研究。

参考文献

［1］Zhang W，Fan R，Wen Y，et al. Energy optimal wireless data transmission for wearable devices：a compression approach［J］. IEEE Transactions on Vehicular Technology，2018，67（10）：9605-9618.

［2］Méndez-Romero D，García M J F. Simpler multipath detection for vehicular OFDM channel tracking［J］. IEEE Transactions on Vehicular

Technology, 2018, 67 (11): 10752-10759.

[3] Yang Y, Dang S, He Y, et al. Markov decision-based pilot optimization for 5G V2X vehicular communications [J]. IEEE Internet of Things Journal, 2019, 6 (1): 1090-1103.

[4] Uwaechia A N, Mahyuddin N M. Stage-determined matching pursuit for sparse channel estimation in OFDM systems [J]. IEEE Systems Journal, 2019, 13 (3): 2240-2251.

[5] Anand K, Guan Y L, Liu X, et al. Pilot design for BEM-based channel estimation in doubly selective channel [J]. IEEE Transactions on Vehicular Technology, 2020, 69 (2): 1679-1694.

[6] Yan L, Fang X, Hao L, et al. Safety-oriented resource allocation for space-ground integrated cloud networks of high-speed railways [J]. IEEE Journal on Selected Areas in Communications, 2020, 38 (12): 2747-2759.

[7] Şenol H, Tepedelenlioğlu C. Subspace-based estimation of rapidly varying mobile channels for OFDM systems [J]. IEEE Transactions on Signal Processing, 2021, 69: 385-400.

案例17：腔内平均色散和光谱带宽对长波段被动谐波锁模光纤激光器的影响

牟成博　黄千千*

 案例来源

Huang Q Q, Zou C, Wang T, et al. Influence of average cavity dispersion and spectral bandwidth on passively harmonic mode locked L-band Er-doped fiber laser [J]. IEEE Journal of selected topics in quantun electronics, 2019, 25 (4): 1-8

DOI: 10.1109/JSTQE.2019.2924869

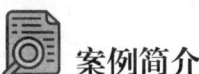 案例简介

自进入21世纪以来，科学技术处于高速发展的时代，它不仅极大地提高了社会生产力，而且加速了经济的发展。学术论文是科学研究成果的科学记录，是科学知识的重要传播途径，也是科研进步的重要标志。学术论文的质量会直接影响到研究工作的进展。若质量不达标，会导致研究成果难以获得公众认可，暂缓科研成果的进一步推广和进步。因此，以学术论文为媒

---

* 牟成博，上海大学通信与信息工程学院教授、博士生导师。主要研究方向：超快光纤激光器、纳米光子功能材料、先进光纤器件等。

黄千千，上海大学通信与信息工程学院博士研究生。主要研究方向：被动谐波锁模光纤激光器、孤子动力学等。

介,对科学研究成果进行准确表达,对每一位科研人员都至关重要,对处于学习阶段的硕士生、博士生尤为重要。学术论文具备科学性、创新性、规范性和可读性。学术论文的撰写通常是在科学研究基本完成的前提下进行。科学研究的首要工作是论文主题的确定和关键科学问题的提出。它们应具有应用价值或学术价值,具有一定的创新性并且要在原理和实践方面可行。通过阅读大量相关文献和开展实验研究获得主要研究成果,这是论文的核心内容,也决定着论文的质量。完成以上工作才算完成了撰写学术论文的准备工作。在论文撰写时,需将研究成果和之前其他研究人员的结果进行分析对比,指明创新点,并以此来搭建论文的基本框架。在此基础上,开始论文写作。其中最重要的是摘要、引言、总结三个部分。它们有些相似,既要重点突出创新点,又要相互呼应,但内容不雷同。摘要是学术论文的简要概括,引言部分给出相关研究背景并回答为何研究这一问题,总结部分则是该问题的结论以及将文章观点推向更高的高度。方法和结果讨论部分可以以实验设计思路为脉络进行撰写,需要使用恰当的论证方法,尤其注重理论和实验的逻辑统一以及表达的准确性。在初稿完成后,仍需要多次修改才可定稿。一篇学术论文的完成不是一蹴而就的,而是需要大量的文献调研、严谨的科学研究、适当的数据处理、合理的分析讨论以及多次的论文修改。本论文以近期课题组成员发表的文章为案例,分别从确定主题、研究现状分析与创新点的提出、创新点的论证、构建论文主题框架、论文写作和撰写论文的注意事项六个方面来简要介绍如何清晰准确地撰写学术论文。希望本论文可以帮助科研工作者提高科研工作能力和论文写作能力,为学术论文的书写、发表提供参考。

 方法谈

1.1 论文之道

随着我国科学研究的迅猛发展和全球科技文化的不断交融,学术研究的无障碍交流和沟通就显得尤为重要。近年来，学术论文已经成为一种有效的科技交流工具，是获得研究领域前沿动态的有效手段。目前我国的学术论文数量已位居全球第二位，其数量和质量已经成为评估一名科研工作者工作的关键指标。在学术论文的撰写过程中，如何及时、准确地描述研究工作的科学性和创新性，使得读者能够清晰准确地接收到所表达的信息，是每一位科研工作者应该具备的一种能力，也是科研工作者的一种交流能力。在本论文中，我们以课题组最近发表的一篇 SCI 文章为例，从确定主题、研究现状分析与创新点的提出、创新点的论证、构建论文主题框架、论文写作和撰写论文的注意事项这六个方面来简单讲述如何条理清晰地撰写 SCI 学术论文。

1.2 确定主题

论文的主题是科研工作的基础，它取决于研究的方向、范围和对象。在确定主题时，要注意研究内容的价值性、创新性和可行性。一个研究课题的确定一般通过以下三个步骤：首先，大致确定一个大的研究领域。然后，再将研究领域不断聚焦至一个主题，该主题必须具有一定的应用价值或学术价值。最后，通过不断调研文献、组织材料，确定合适可行的论题和研究目的，也就是这项研究需解决什么样的关键科学问题。该论题必须具有一定的创新性。这种创新性可以是对已完成工作的补充，可以是解决从未有人解决过的科学难题，也可以是针对某一方面的具体问题，提出自己独到的见解。以我们所发表的文章为例，我们研究组主要开展被动锁模光纤激光器相关的研究。首先，确定光纤激光器中的被动谐波锁模作为一个大的研究领域，也就是主体研究背景。由于被动谐波锁模技术是提高脉冲重复频率的最简单高效的方法之一。利用好这一技术，对脉冲重复频率的提高和对高重复频率脉冲光源应用的扩展都具有重大的应用价值。因此，我们将谐波锁模阶数的提高作为主题。通过充分的调研发现，谐波锁模的阶数和单脉冲的能量息息相关。而单脉冲能量又和腔内的平均色散和脉冲光谱带宽有关。于是，我们就从单脉冲能量调控的角度出发，确定了该研究的论题——腔内平均色散和脉冲光谱带宽对谐波锁模特性的影响。这也是这篇文章所体现的关键科学问题和研究内容。

1.3 研究现状分析与创新点的提出

对研究现状系统性的分析是确定论题和创新点的关键。首先，需收集大量的相关文献，并对文献进行选择和归纳。这时候要特别注意文献的权威性和时效性，即重点关注文献的作者、单位和发表时间。通过研读该作者一系列的文章，可以系统了解该科研人员的研究思路和科研水平，对研究现状的把握具有重要意义。其次，在研究现状分析中，需清楚该课题的研究进展和各个科研人员所持观点和论证依据，分析是否能在现有的理论或方法上进行创新，是否有进一步研究的空间，从而确定论题，提出自己的创新点。以我们发表的这篇 SCI 文章为例，我们发现在过去的研究中，实现吉赫量级的谐波锁模脉冲，往往需要瓦特级的泵浦功率和双包层增益光纤。这使得激光系统的结构变得复杂，且难以推广到实际应用中。之前的研究在解决这一问题时，已经提出用降低单脉冲能量的方法实现更高阶数的脉冲，并发现平均腔内色散和光谱带宽对脉冲能量的影响。然而，他们都只在传统通信波段分别单独探讨两者对脉冲能量的影响，并且没有指出两者的相关性。这表明了该课题可以在这一现有的理论基础上进行进一步的分析和探讨。考虑到长波段高重复频率激光器的潜在应用和两者相关性的相互制约，系统研究长波段腔内的平均色散和光谱带宽对谐波锁模特性的影响，并着重讨论两者的相关性，就是本论文的创新点，也是研究内容。利用实验所得规律，实现更高重复频率的谐波锁模脉冲，是本论文的突破点。值的注意的是，创新点、研究内容、科学问题是相互对应的关系。

1.4 论题的论证

对论题进行论证，扎实的理论依据和真实可靠的实验数据缺一不可。理论依据表示该课题研究在科学原理上是可行的。在描述理论依据时，应清晰直观地表示出该论题与理论的直接关系，为接下来的实验研究提供基本思路。然后根据理论进行实验设计，采用合适的方法开展科学实验并进行系统分析对照，以实现对理论的支撑。常见的科学实验类型有定量实验、定性实验、结构分析实验、对照实验、析因实验等等。以本论文为例，我们在文章的第二部分就给出该研究课题的理论依据——孤子面积定理，并通过公式推导，直接从理论上表明了单孤子能量和腔内平均色散以及光谱带宽的关系。为了更好地表示两者的相关性，我们定义了一个新的参数——色散带宽积，即两者的乘积。根据这一基础理论，我们采用对照实验，利用控制变量的方法，以长波段谐波锁模光纤激光器作为研究平台，分别研究了腔内平均色散和光谱带宽对谐波锁模的影响。通过对照比较各组实验结果得到规律——单脉冲能量最终由色散带宽积决定，并利用此来平衡腔内平均色散和光谱带宽之间的关系，最终达到提高谐波锁模阶数的研究目标。我们的理论依据和实验结果，有效论证了在长波段中，腔内的平均色散和光谱带宽以及两者的相关性对谐波锁模特性的影响这一论题。实验结果与理论基本吻合，实现了实验结果对理论方法的支撑。

1.5 构建论文主题框架

一般的学术论文有统一的结构框架，即引言、方法、结果、讨论、总结等。论文主题框架的制定就是在该结构框架的基础上，围绕着如何解决论文的关键科学问题有逻辑地展开。换句话说，它就是论文的各级标题的制定。好的论文主题框架必须具有一定的逻辑顺序，且能前后呼应、层次分明、反应主题。以本论文为例，在引言后，是该关键科学问题的理论依据，之后是研究平台的描述和表征，具体包括各器件的制作和表征以及激光器系统的装置描述。接着是结果讨论部分，根据实验设计思路，将其分为三个部分，分别是腔内平均色散对谐波锁模的影响，光谱带宽对谐波锁模的影响以及平衡两者的关系实现高阶谐波锁模脉冲。最后是总结部分。这种框架，思路清晰，具有逻辑性，很好地反映了论文的论题——腔内平均色散和脉冲光谱带宽对谐波锁模特性的影响。

案例17：腔内平均色散和光谱带宽对长波段被动谐波锁模光纤激光器的影响

1.6　论文写作

上文提到的对论题的论证，其思路实际就是文章的方法和结果讨论部分的写作思路。因此，我们不再赘述。这里主要讲述如何写文章的摘要、引言和总结三个部分。这三个部分是文章的重中之重且应该相互呼应。

摘要是全文的浓缩，语言应当简明扼要，准确地概括论文的主要内容，包括文章的研究目的、方法、主要结果和结论。在摘要中还需特别强调论文的创新点。这样读者在读完摘要后，就可明白论文的概要以及所解决的关键科学问题，从而决定是否要通读全文，大大提高了效率。摘要不应包含过多的细节信息，不应引用参考文献，也不适于包含表格、图片，不使用读者不熟悉的缩写语。以本论文为例，摘要的第一句话就精简地概括了论文的研究目的和方法，接着叙述了主要的实验结果和结论。

引言是论文的起始部分，它主要回答的是为什么研究该课题这一问题。它应包含课题的研究背景、研究目的、研究现状以及对目前相关研究的不足之处的分析，从而引出论文的所要解决的科学问题、所采用的研究方法和创新点。它是一个提出问题到给出解决方案的过程。此外，引言部分应当突出重点，只选取与课题息息相关的背景信息以及相关工作，并要明确说明与之前相关研究工作的关系、区别以及进步之处，做到逻辑清晰，既简洁又包含重点。在引言的最后一段，应简要概括研究的主要结果和结论，突出创新点，并指出该工作的意义。以本论文为例，引言的第一段和第二段讲述了研究背景和研究对象，第三段阐明了研究目的，介绍了相关的研究现状，同时指出他们存在的问题，以此引出了所需解决的科学问题和创新点。最后一段与摘要相似，简单说明研究方法、结果、结论和意义。

总结应高度概括论文的主要结果，并重点指出创新点，以这两者为依据，将文章的观点进一步深化，指出在实际应用中的价值和意义，也可进一步展望未来的研究方向。在本论文的案例中，论文总结部分直接给出研究的最终结论。再简要概括文章的主要结果，并突出文章创新点，指出该研究工作的实用价值。值得一提的是，论文的摘要、结论甚至引言，有些时候是最后才开始撰写的。

1.7 撰写论文的注意事项

（1）不使用花哨的语言。最好的表达是用最简单的词语清晰明了地表述信息。特别是用英语写作时，言简意赅的短句既能减少语言表述的错误，又容易被理解。

（2）在用英语撰写时，注意时态的选择和统一。一般在描述他人的工作时，用过去式。在描述自己的工作时用一般现在时。

（3）模仿很重要，但不能照搬照抄。可以模仿优秀学术论文的结构、逻辑和常用词汇，找到自己的方法。

（4）论文的修改尤为重要。一般先自己修改多次后，给他人修改。根据他人提的意见，自己再次修改。以此反复，直到满足要求。

1.8 总结

学术论文的发表是科技传播的重要途径。一篇成功的学术论文既要体现研究工作的科学性和创新性，又要简明易懂，逻辑清晰。在撰写学术论文前，首先需要阅读大量的文献，确定主题和所研究的科学关键问题。然后经过长期的文献调研、实验观察，获得主要成果后，才可进行学术论文的撰写。在撰写时，首先对比研究成果和研究现状，得到文章的创新点。再在论文通用格式的基础上，围绕着如何解决论文的关键科学问题搭建论文的基本骨架。然后在此基础上，撰写全文。特别注意摘要、引言和结论需着重体现创新点且相互呼应，在描述方法和结果讨论部分需注重理论和实验的逻辑统一，适当使用论证方法有效论证论题。在完成初稿后，多次阅读修改后定稿。学术论文的写作并不是一件简单的事情，应当勤于练习，注重积累，提高写作能力，让科研成果更及时准确地展示在大众视野中。

案例18：一种相似问题的检索集成框架：基于词语义嵌入的标签聚类LDA和问题生命周期

刘 悦[*]

案例来源

Liu Y, Tang A, Sun Z, et al. An integrated retrieval framework for similar questions: word-semantic embedded label clustering-LDA with question life cycle [J]. Information Sciences, 2020, 537 (1): 227-245
https://doi.org/10.1016/j.ins.2020.05.014

案例简介

相似问题检索是问答社区（Community Question Answering, CQA）中一个重要的研究内容。受问题语料库中干扰词的影响，问题短文本的语义分析仍然是相似问题检索方法所面临的一个挑战性问题，且目前的相似问题检索方法聚焦于问题的语义相似性而往往忽略了问题的流行度。因此，本论文提出一种多语义特征融合的相似问题检索方法 WELQLC-QR（Word-semantic Embedded Label Clustering-LDA with Question Life Cycle），可用于语义相似且流行的短文本问题检索。首先，该方法通过建立标签聚类的主

---

[*] 刘悦，上海大学计算机工程与科学学院教授、博士生导师。主要研究方向：机器学习及其应用研究。

题模型 LC-LDA（Label Cluster-Latent Dirichlet Allocation）解决了主题模型提取多标签、短文本问题时语义信息不准确的问题；其次，耦合 Word2Vec 模型降低了语义提取过程中干扰词对问题语义的影响，并在此基础上对问题进行了面向主题与词语的粗细粒度语义抽取，从而实现了相似语义的短文本问题检索；然后，该方法综合考虑问题的内部因素（如评论和答案的数量）和外部因素（如编程语言的排名信息），通过引入生命周期理论，构建了问题流行度预测模型 QLC（Question Life Cycle Optimization Similar Question List Strategy），精准地刻画了问题的流行度，进一步实现了语义相似且流行的短文本问题检索；最终，在 CQADupStack 数据集上的实验结果显示，与 L-LDA（Labeled-LDA）、LC-LDA、BM25 和 Word2Vec 模型相比，WELQLC-QR 模型的 MRR@N（Mean Reciprocal Rank@N）分别提高了 8.99％、8.3％、4.74％和 3.56％。

方法谈

1.1 选题与立题

本论文的选题是由应用驱动的，来自实际应用领域——社区问答服务（Community Question Answering，CQA）。目前，诸如 Stack Overflow、百度知道等 CQA 已经成为人们获取知识的主要途径。CQA 系统中的相似问题检索功能主要是根据用户的查询问题，从社区的历史问答记录中检索出与之相似并已得到解答的问题集合。相似问题检索技术可以有效地避免重复问题的发布并提升用户获取知识的效率，是 CQA 研究的重要内容之一。然而，如何进一步提升相似问题检索技术的准确性和有效性（尤其是短文本问题）仍然是一个挑战性问题。因此，本论文利用机器学习耦合自然语言处理技术研究提高 CQA 相似问题检索准确性和有效性的方法，从而进一步提升 CQA 的用户体验。

1.2 研究现状与突破点

通过广泛地阅读相关学术论文，并对问答社区相似问题检索的国内外研究现状进行概括与总结，我们发现目前的相似问题检索技术仍然面临着以下两个关键问题。

第一个关键问题是如何准确地检索语义相似但表达不同的短文本问题。目前，LDA 等主题模型是相似问题检索技术广泛使用的模型之一，这类模型能够将问题数据转化为主题向量表示，以便计算问题之间的相似度，从而实现相似问题检索的过程。然而，LDA 模型在提取短文本问题主题时，易受问答社区中问题标签多粒度、多层次特点的影响，产生主题提取的过度拟合或概括现象，从而影响最终的检索结果。另外，现有的语义提取方法（如 Word2Vec 和 FastText 等）均采用静态的词向量表示方法，无法准确地表示单词拼写错误、一词多态以及一词多义情境下的文本语义。因此，发展能够屏蔽问题语料库中干扰词影响，并解决问题短文本语义提取不准确问题的方法，对进一步提升相似问题检索的准确性具有十分重要的意义。

第二个关键问题是如何刻画问题的流行度对相似问题检索的影响。在 Stack Overflow 等 CQA 中，问题的回复数越多表示其受欢迎程度越高，即流行度越高。过时问题及其回答所携带的知识往往是滞后甚至是失效的，故其很少受到当前 CQA 中用户的关注，这些知识很难被利用起来以解决用户查询的新颖但未知的问题。然而，流行问题所携带的知识往往是被大多数人认可的，从而可以更准确和快捷地解决用户的疑问。目前，现有的流行度刻画方法主要根据问题的内容、相关用户的问题、答案记录等信息来预测问题是否受欢迎。然而，如原文中图 2.3 所示，问题的流行度是随着时间不断波动的。因此，本论文进一步考虑了问题的生命周期和生命力对相似问题检索的影响，通过给出如定义 2-1 和 2-2 所示的形式化定义，以便阐明问题生命周期和生命力的内涵，并在此基础上实现将时间因素融入相似问题检索方法的框架中。

1.3 方法探索与论证

任何科研问题都是复杂且多方面的，明确具体的研究点是方法探索初期的难题。从整个研究方向出发，自上而下、由粗到细地对研究问题进行分解，是快速精准地明确研究点的有效方法。例如，本论文以提升相似问题检索技术的准确性和有效性为出发点，依次提出了词语义嵌入的 LC‑LDA 模型和利用问题生命周期优化相似问题集的策略，并最终将两者整合为一种多语义特征融合的相似问题检索方法。一方面，针对 LDA 等主题模型无法解决多标签、短文本问题的主题提取问题，WEL 方法首先利用标签的共现信息，通过马尔科夫聚类方法（Markov Cluster，MCL）对标签簇进行分类整合，以削弱标签的多层次、多粒度对问题主题抽取的影响；然后，根据标签分类结果，进一步利用 L‑LDA 主题模型对问题的主题进行抽取；最后，通过 WEL 融合 Word2Vec 获得词语的表达向量以衡量词语的重要度，减少噪音词语的影响，并将词向量嵌入 LC‑LDA 以提取问题的多层级语义表示以达到提高问题检索的准确性的最终目的。另一方面，针对现有的流行度刻画方法未考虑时间因素的问题，QLC 从问题的内部因素（如评论和答案的数量）和外部因素（如编程语言的排名信息）两方面出发，构造问题生命周期函数以表征问题的受欢迎程度，从而进一步从语义相似的问题中集中筛选出更受欢迎的问题。

任何有效的方法都不是一蹴而就的，通过不断地试错、迭代对方法进行改进以逐步优化方法是方法探索过程中的主要内容。从多个角度对方法的正确性和有效性进行证明，能够帮助研究人员明确当前方法的优势和劣势，从而有针对性地制定具体的改进方案。理论证明是最有力的途径，但需要研究人员对算法机理的透彻理解和扎实的数学功底。例如，本论文通过公式（2.7）～（2.21）等对问题及其求解策略进行了数学表示，以验证和提高方法的合理性和准确性。实验验证是通过实例更直观地反映方法有效性的有力手段，需要考虑基准测试、对比方法、性能指标、衍生实验等多种因素，制定多角度衡量方法性能的完整实验方案，以逐步验证方法各个贡献点的独立有效性，同时明确方法的适用范围。若时间允许，重复多次实验以计算具有统计意义的方法置信区间，能够进一步保证所提方法的真实性和可信性。例如，本论文利用 L‐LDA、LC‐LDA、BM25 和 Word2Vec 等方法对 WELQLC‐QR 进行了基准测试，以验证 WELQLC‐QR 在问题相似语义检索性能的优越性。同时，设计衍生实验，以确认 WEL 提取问题的主题表达向量在相似问题检索过程中是否发挥了作用。实验部分还需要着重考虑图表和实验之间的关联关系，本论文首先根据图 3.1 和表 3.1 介绍并分析了实验使用的数据集；然后，根据生命周期理论进一步分析了数据集中问题活跃程度的变化情况，并通过图 3.2（a）、(b)、(c) 发现不同类型的生命周期所对应问题的类型是不同的，从而有效地证明了问题的生命周期在 CQA 中的重要性。除了强有力且丰富的实验设计外，利用表格、直方图、折线图等手段对实验结果进行有效的展示和分析也是非常重要的。例如，本论文通过表 3.2 和表 3.3 给出了 WEL 和 WELQLC‐QR 在 P@N 和 MRR 指标下的基准测试结果，该结果表明改进的 WEL 方法优于其他对比方法，并且在 WELQLC‐QR 中发挥了很好的作用。另外，需要着重注意的是，在方法的探索过程中要学会有所取舍。"没有免费午餐（no free lunch）"的普适定理说明一个能够解决所有问题的"完美"方法是不切实际的。因此，需要在多个指标上进行方法的标准测试和消融实验，以明确所提方法的优势和劣势。例如，本论文进行了多种方法与 WELQLC‐QR 的计算效率对比实验，实验结果如图 3.5 所示，可以观察到 WELQLC‐QR 与性能最好的 LC‐LDA 方法相比，平均精度提高了 8.3%，但计算时间并未缩短。

1.4 论文写作的心得与体会

论文的写作讲究"快写"和"慢改"。"快写"是用最短的时间完成论文的初稿，确定论文的结构和主题内容；"慢改"则是在初稿的基础上逐渐修改雕琢论文，以达到论文质量上的提升。论文的写作是把网状的思考，用树状的语法结构，转换成线性字符串的过程。首先，纲领非常重要，可以率先列出文章大纲，以利于概览文章的全貌，方便写作过程中随时知道自己所处位置，不至于迷失方向；其次，论文撰写的顺序一般不建议严格地从前往后进行，可以根据难易程度分先后完成。建议写作时可以按照实验及其结果分析、方法、结论与摘要、相关工作、引言的顺序来撰写论文。

　　实验及其结果部分的撰写前提是要保证撰写前已经完成了全部实验。此时，该部分只需要抛出所有的研究结果、图表和框架图等，并对提及的图表结果进行描述即可，其中图表需要规范、简单、美观和专业，使读者眼前一亮；实验结果的顺序要按能够说明问题的逻辑顺序进行排列。方法部分的撰写主要是对解决问题的方法过程进行描述，并阐明方法的各个细节，保证方法的可复现性，彰显方法的理论性。在论文方法撰写前一定要先有一个整体的论文框架图，根据框架图的流程撰写方法部分，要做到方法与流程图相互结合便于读者理解，如本论文中图 2.1 所示。如果提出的方法包含很多符号，建议单独做一个符号说明表格，或者通过图表以描述方法中的符号（如本论文图 2.2）。通过图 2.2 将文中出现的字符及其变换过程用简单的图结构进行展示，不仅有利于审稿人和读者更容易理解论文方法，也方便撰稿人后期修改。结论与摘要的撰写在方法部分完成后开始。结论旨在总结方法的优势和不足，结合实验结果给出描述即可；在完成了以上部分的撰写之后，摘要部分的内容便呼之欲出了。摘要是一种可以被引用的完整短文，写作时务必提纲挈领，保证能够激起其他人对文章的阅读兴趣。摘要中应尽可能使用第三人称，在摘要中将"我们""作者"等作为陈述主语，会减弱表述的客观性，甚至容易出现逻辑不通的问题。缩略语、简称或者代号等在摘要中也不可使用。另外，许多期刊的模版中经常会给出摘要的写作指导，只需要参考给出的结构逐项填空即可，这样摘要不仅内容完整，逻辑也会更清晰，故在论文撰写前应该提前了解好所投期刊的文章撰写要求和规范。接下来是相关工作的撰写，其作用是总结已有的重要研究成果，并在已有的知识体系中明确自身研究的位置。相关工作的撰写不仅要叙述本领域都有哪些重要研究，还要准确地阐明它们的贡献与不足，以突出当前研究的意义和贡献。最后是最重要的引言部分的撰写，好的"引言"是论文成功的一半，故我们将在此着重地分享引言部分的撰写心得与体会。

　　引言的撰写是强调研究价值和必要性的主要部分，要求让作者对本项研究工作的背景、研究的动机、试图达到什么目的等做出必要的说明,目的是让读者对该项研究有足够的了解和认识。在引言的撰写过程中不能单单突出文章的价值或者必要性,还要平衡好文章价值与必要性的关系,这也是引言的特殊之处。单单突出文章价值,强调所提方法对研究领域的贡献,会给读者带来"如此重要的问题为什么现在才被研究?"的疑问,易给人一种夸大文章贡献的错觉。而过分地强调必要性,若相关研究工作很少时,又会给人带来"如此重要的研究怎么会没有人研究?"的疑问,易误导读者认为文章的前期调研可能并不充分,故引言写作要把握好价值和必要性两个方面,使读者在阅读引言的过程中先看到问题的重要性,期望看到问题被解决;再看到问题被解决了,又迫切地想知道文中解决问题的方法,从而成功地引起读者的兴趣。例如,可以在引言中先言简意赅地点明本论文的研究领域,以具体例子为切入点,再通过对相关工作的总结和分析来明确本论文工作的价值,引起读者兴趣。另外,文章的贡献点是读者用来明确具体研究内容和衡量文章价值的关键点。如何阐明和突出文章的贡献点是一个非常重要且非常值得花时间去反复思考的问题。在引言部分,贡献点可以在结尾处分小点总结列出,以方便读者清楚文章的具体研究内容和贡献;在文章的其他部分也需要贯穿文章的贡献点,以便让读者实时体会和理解文章的研究内容和意义,其书写特点应为:反复性、一致性以及支持性。其中,反复性指在论文的不同部分会多次阐述研究贡献;一致性指作者在不同部分提到的贡献应该是一致的、前后对应、全文贯通的;支持性则强调对文章贡献的讨论和阐述应该紧密地结合现有的相关文献。

1.5 论文发表后的反思

虽然论文撰写是对一个阶段科研工作的总结,但论文发表之后仍要对该阶段的科研工作进行更深刻地总结与思考,这能够帮助研究人员更清晰地明确未来的研究方向与路线,提升研究人员思维逻辑的严谨性和全面性,使研究人员对文章的理解更加深入。例如,在本论文发表后,我们思考了如何从语义歧义消除方面出发进一步提高相似问题检索的准确度;此外,问题质量中的语义相似性和问题的受欢迎程度是影响相似问题检索的重要因素。因此，有必要将语义相似性和问题受欢迎程度融入到问题质量评估中，以使检索到的问题具有相似的语义且更受欢迎。借此，通过阅读一些前沿的相关技术文献，从问题的质量入手结合问题生命周期理论进行问题响应时间预测方法的进一步研究，我们在一年内完成了2篇关于问题响应时间预测的论文撰写，现阶段已经在审稿中。由此可见，论文发表后的总结与反思也至关重要。

案例 19：RGA – CNNs：基于可交换几何代数的卷积神经网络

王 瑞　王向阳*

案例来源

Wang R，Shen M M，Wang X Y，et al. RGA – CNNs：convolutional neural networks based on reduced geometric algebra［J］. Science China. Information Sciences，2021，64（2）：129101：1 – 129101：3

https://link.springer.com/content/pdf/10.1007/s11432 – 018 – 1513 – 5.pdf

案例简介

神经网络是近年来人工智能领域的研究热点，它作为一种高效的并行处理系统，在信号分析和处理方面有较大潜力。现有的实数域的神经网络模型已经在计算机视觉领域取得了较好的成果，然而对于多维信号，传统的卷积神经网络（Convolutional Neural Networks，CNNs）是将各维度分开单独处理，导致各个维度之间的依赖关系以及各维度与全局之间的关联信息丢失，从而造成处理结果的误差较大。为了解决这个问题，有研究人员提出了基于四元数的卷积神经网络（Quaternion-valued CNNs，QCNNs），可以有效地处理多输入多输出的问题，特别是针对彩色图像等三维信号。但是，由于四

---

* 王瑞，上海大学通信与信息工程学院教授、博士生导师。主要研究方向：智能信息处理、模式识别。

王向阳，上海大学通信与信息工程学院副教授。主要研究方向：智能视觉、模式识别。

元数三个虚部的不可交换性，会不可避免地产生大量的数据冗余和更复杂的网络结构，不利于快速算法的实现。幸运的是，可交换几何代数（Reduced Geometric Algebra，RGA）的出现，可以同时解决了上述关联信息丢失和计算复杂的问题。我们利用 RGA 理论来表示输入图像、神经元、卷积核、学习算法以及 CNNs 框架内的所有相关计算，提出一种新型网络——可交换几何代数卷积神经网络（RGA‐CNNs），该网络可以在充分保留信道相关性的同时降低网络复杂度。最后，我们通过实验来评估所提出模型的有效性和可行性，结果表明该模型能够保持颜色的固有结构，并以较低的训练成本获得较高的学习性能。

方法谈

1.1 选题与立题

本论文的选题以本课题组的研究方向为基础，关注几何代数在多维信号处理中的应用研究。人工智能是当下信息科学中的热门领域，其中神经网络是最为常用的方法。但是，这种网络更倾向于处理非结构化的数据，而非结构化的表示。现实世界中存着大量多维信号，而各维变量之间通常存在着非线性相关性。这种由多维信号所表现出来的结构是先验知识最重要的一种体现，许多实际问题都源于缺乏这种数据结构的先验知识。另一方面，如何从多维数据集中提取信号的内在特征并进行维数约简，一直受到机器学习和认知科学研究者的广泛重视。传统的多维数据分析方法通常假设数据集中存在于全局的线性结构中，从而很自然地采用欧式空间来表达，其中常用的大多都是线性的方法，如主成分分析、独立成分分析和多维尺度分析等。然而，这些方法在问题的分析中并没有考虑数据在观测空间的全局和局部性质，虽然对本身具有线性结构的数据集有很好的效果，但是却无法真正认识那些非线性结构数据内在的本质结构。几何代数根植于几何学，能够使用它来捕获多维信号中不同维度间存在的依赖关系，而这种维度间依赖关系通常在其他线性方法中难以被有效表示。因此借助于几何代数，可以有效的实现多维信号数据的表达与处理。

卷积神经网络是人工神经网络中表现良好的模型，它具有非常强大的特征学习能力和分类识别能力，且易于训练和优化。几何代数作为实数、复数、四元数等代数域的扩张代数，能够天然地表征不同维度间的数据结构，可直接进行高维数据之间的几何计算。RGA 是几何代数框架下的一种简化型基，其计算方法不仅可以解决实数域网络"分而治之"造成的相关信息损失，还可以避免四元数网络繁杂的计算过程，降低网络的计算复杂度。基于此，本论文将在可交换几何代数框架下，将卷积神经网络扩展到多维信号处理领域，构建基于可交换几何代数的卷积神经网络。

1.2 研究现状与突破点

近年来，CNNs 在目标检测、人脸识别和图像分类等方面表现出了较高的性能。然而，对于用于多维数据的 CNNs 模型，例如，通常以彩色图像表示的三维数据（3D），或者是具有更多通道的多光谱图像，鲜有研究。现有的 CNNs 模型要么将彩色图像像素表示为标量，导致一些固有的颜色结构丢失，要么将其表示为四元数向量矩阵，大大增加了计算复杂度。因此，建立一种既能捕获不同通道间的固有结构，消除数据冗余，又能简化计算的网络模型是当务之急。

CNN 是多层感知器（Multilayer perception，MLP）的变种，最初由生物学家休博尔和维瑟尔在早期关于猫视觉皮层的研究发展而来，随后 Bouvrie 给出了人工卷积神经网络的训练算法，最后发展为第一个真正成功训练多层网络结构的算法，也是计算机视觉中机器学习的前沿模型。在最近的几年，CNN 在计算机视觉任务中明显优于传统的方法，但 CNN 容易过拟合，目前的研究集中在寻求有效的方法克服过拟合问题。与其他实神经网络一样，卷积神经网络在不同代数体系中的拓展也是近年来神经网络研究中一个活跃的分支，其中主要集中在复数域中。2011 年，Haensch 等首次将复数卷积神经网络应用到极化合成孔径雷达（Polarimetric SAR，POLSAR）图像的对象检测中,仅用一个卷积层的网络就得到了优于标准复数神经网络的效果。Bruna 等通过级联小波变换卷积核和均值池化等操作构建小波散射网络模型,该模型采用特殊类型的卷积核提取了图像中的包含 SIFT(Scale-invariant Feature Transform)描述子在内的抽象特征,在手写体数字和文本识别中取得了很好的效果。他们对复数卷积神经网络的原理进一步进行了讨论,指出可以将复数卷积神经网络看作基于数据驱动的非线性多小波信息处理箱,它按照功率谱、绝对值谱、绝对值的顺序对数据进行处理。随后,Guberman 给出了复数卷积神经网络一个衍生类型,并分析了卷积神经网络计算中所遇到的数序(数值比较)问题,并提供了一种可行的方法,使得复数卷积神经网络可以看作是具有受限形式的实卷积神经网络(其参数是复数网络的 2 倍),此外,他还采用了正则化模型来降低网络对于相位的过度敏感度问题。Kominami 提出了采用四元数的卷积神经网络,并在手写数字图像数据集上验证了四元数卷积神经网络学习能力的提升,但从网络结构到四元数数据的构建方式和训练方法都存在不完善的地方,难以作为通用的卷积神经网络推广。

几何代数作为统一的代数框架,其内容不仅涵盖了复数、四元数、向量代数,还包括张量代数、旋量代数和李代数等多个代数体系。采用几何代数能够较为方便地捕获在多维数据项间存在的依赖关系,更为重要的是几何代数的对象描述方式与外界相对生物的呈现方式是相匹配的,而神经网络则是模拟生物的信息处理方式所构建的模型,这种近似性使得基于几何代数的神经网络有可能成为更接近人类大脑信息处理的真实"模式"。

突破点和创新思路产生于对目前研究的分析,通过分析并总结现存的卷积神经网络处理多维信号的缺陷与不足,凝练出突破点,相应的解决方法即是创新思路。为了解决实数网络多维数据结构丢失和四元数网络数据冗余问题,我们将卷积神经网络扩展到 RGA 空间(原文 Supplementary File 图 B1),定义了可交换几何代数神经元、权重和训练算法等。既捕获到各通道之相关结构信息,优于实数卷积神经网络,又大大降低了网络的算法复杂度,与四元数卷积神经网络相比,节约了计算时间。

1.3 理论创新与论证

将可交换几何代数作为一种强大的理论基础来建立全新的神经计算模型，是本论文的主要目标，首先将从可交换几何代数神经元开始，对卷积神经网中的基本概念进行逐一拓展，最终构建适用于几何代数框架的卷积神经网络，然后通过不同的数据表征，证明了该深度学习架构是如何起作用的。

目前，神经网络的研究仍然是主流趋势，但不可否认的是几何代数蕴含着理论研究与工程实践的巨大潜力，基于几何代数的神经网络也许能在神经网络的发展道路上开辟出一个崭新的空间。几何代数将点积和外积结合到几何积中，实现了空间几何体不依赖于坐标的关系计算，通过代数中通用且易于计算的几何符号，可以方便地推广到高维空间进行几何计算和分析。另外，在最近十几年，经典的几何学在计算机图形、计算机视觉、信号处理、量子计算和机器人技术等领域崭露头角。在所有这些领域中，设计和操作几何对象的计算频率都是非常高的。采用几何代数可以对点、线等几何实体进行处理，可用于解决与智能系统设计相关的许多任务。

本论文的主要理论创新是将现有可交换几何代数理论成功应用到卷积神经网络的模型中。我们使用基于 RGA 的多矢量和几何积代替传统实数卷积神经网络的每个表示和操作，包括输入层、卷积层、池化层、多层感知器（MLP）和输出层。如原文 Supplementary File 图 B2 所示，RGA 神经元的输入、权值、输出都是多矢量形式，多矢量的激活函数操作是对每个虚部的实数进行激活操作。

基于 RGA 的池化层的计算方式与实数域网络略有不同，与四元数域网络相似，即对规定区域内多矢量的每个虚部分别取最大值（最大池化）或者平均值（平均池化）。反向传播（Back Propagation，BP）是一种常用的有效的权值更新算法，我们使用 RGA-BP 算法训练 RGA-CNNs。通过获得输出多矢量和目标多矢量之间的最小误差，调整整个网络的权值。

1.4 实验验证与仿真验证

实验验证是利用本论文提出的模型，在公共的数据集上检验其性能与计算效率。我们使用三维几何形状和彩色图像数据集进行分类实验，从定量和视觉两个方面比较 RGA-CNNs 与实值 CNNs、QCNNs 的实际性能和计算效率。

在建立三维几何图形数据集时，我们生成了 4 类三维几何图形，每类包含 4 000 个图案，不同的形状属于不同的类别，同一类的不同图案是通过第一个图案围绕原点旋转不同角度，并通过不同的矢量平移而产生的。原文 Supplementary File 图 C1 展示了分类实验中使用的 4 类 3D 几何图形示例。CIFAR-10 数据集用于彩色图像分类实验。CIFAR-10 数据集由 10 个不同类别的 60 000 幅自然彩色图像组成，每个类别 6 000 幅，其中 50 000 幅作为训练集，剩下的 1 000 幅作为测试集。

实验所用的实值 CNNs、QCNNs 和本论文提出的 RGA-CNNs 的结构相似，分别由输入层、卷积层、池化层、MLP 和输出层组成。卷积层中的卷积核个数设置为 12 个，大小为 5×5，池化大小为 2×2。对于 QCNNs 和 RGA-CNNs，池化层的输出分别转换为四元数或多矢量。同时，使用相同数量的训练和测试样本以及相同的初始学习率。

原文图 1（a）和（b）为实值 CNNs、QCNNs 和提出的 RGA-CNNs 分别针对三维几何形状和彩色图像分类任务所得到的训练损失曲线。从图中可以清晰地看出提出的 RGA-CNNs 与传统的实值网络相比，性能得到了明显地提高，即更低的训练损耗和更高的测试集精度。同时，RGA-CNNs 实现了更快、更稳定的收敛速率。这是因为 RGA-CNNs 具有学习和探索彩色图像固有颜色结构的能力，在此类分类任务中发挥着重要作用。

由于原文图 1 中 QCNNs 与 RGA-CNNs 有较为相近的损失曲线，我们在原文 Supplementary File 表 C1 中比较了两者在不同卷积核大小下的平均训练时间。显然，由于 RGA 是可交换的，四元数是不可交换的，RGA-CNNs 的平均训练时间远低于 QCNNs。在原文 Supplementary File 表 C4

中，所提出的 RGA-CNNs 有效地实现了更少的计算时间，几乎是 QCNNs 的一半，这是因为 RGA 框架提供了一种强大的方式将彩色图像表示为一个多向量，并以整体的方式处理它。这样，由于 RGA 可交换积，可以完全保留彩色图像中不同通道之间的关系，简化了网络。

结合训练误差和训练时间的影响，我们选择 5×5 作为最合理的卷积核大小。对 CIFAR-10 中的 4 类彩色图像，进行分类精度的比较，结果如原文 Supplementary File 表 C3 所示。值得注意的是，RGA-CNNs 的总测试精度约为 88.9%，而实值 CNNs 的总测试精度仅为 74.3%。虽然第一类 RGA-CNNs 的测试精度比 QCNNs 低 0.1%，但本论文提出的 RGA-CNNs 的整体测试精度略高于 QCNNs，达到了最高的测试精度，验证了上述理论分析中 RGA-CNNs 的优点。

1.5 论文框架

本论文一开始给出了研究 CNN 的现实意义，紧接着总结并分析了现有不同数域 CNN 网络处理多维信号时的缺点，提出将多维信号的特性与 RGA 相结合，点明文章的主题。接下来是 RGA-CNNs 的建模和理论推导，为了让读者更好地理解，本论文给出了 RGA-CNNs 的总体架构图和每一部分的原理图。理论模型建立后设置了各种实验，既有 RGA-CNNs、实值 CNNs 和 QCNNs 的性能比较，又有 RGA-CNNs 在不同大小的卷积核和学习率影响下的性能变化。最后对实验现象进一步研究和讨论，肯定本论文模型优越性的同时也对未来进一步的研究提供了方向。

1.6 摘要、引言、总结的内在逻辑

论文摘要是整篇文章的高度凝练，需要简明扼要地将研究目的、方法、结果和结论分别用一两句话加以概括，让读者能在第一时间了解本论文的中心内容。引言是对研究课题的引出，通常需要先简要介绍相应研究领域的重要性，再通过对文献的回顾引出需要解决的问题等，然后介绍自己的研究动

机、目的和主要内容。总结部分不能与摘要过于相似，除了对文章中心思想的概括，还需要对研究结果有进一步的讨论和认识，适当提出建议或展望，也可指出有待进一步解决的关键性问题和今后研究的设想。

1.7 论文发表后的反思

论文发表后，总结文章的得失并思考在此基础上如何进行更深入的研究是不可或缺的。本论文将 RGA 理论与 CNN 架构相结合，构建的 RGA-CNNs 可以整体的处理输入数据，保留不同维度之间的关系。实验结果证明该网络不仅具有更高的性能，还有更低的数据冗余度和计算复杂度，为多维信号的处理提供了一个高效的框架。本论文发表之后，获得了不少研究人员的关注和被引用。例如，Li Shuangshuang 等[1]引用本论文研究了用于文本检测的轻量级网络 SEMPANet；Li Yanping[2]引用本论文研究了基于几何代数的多光谱图像特征提取算法；Wang Rui 等[3]引用本论文研究了基于几何代数的自适应滤波算法。在未来的工作中，我们将探索对 RGA-CNNs 的深入扩展，改善其架构并实现更高的性能。另外，由于 CNN 在 RGA 的框架下获得了不错的结果，我们还计划将 RGA 引入到其他类型的神经网络中，这种方法对于改善多维信号处理具有广阔的前景。

参考文献

[1] Li S, Cao W. SEMPANet：A modified path aggregation network with squeeze-excitation for scene text detection [J]. Sensors，2021，21 (8)：1424-8220.

[2] Li Y. A novel fast retina keypoint extraction algorithm for multispectral images using geometric algebra [J]. IEEE Access，2019，7：167895-167903.

[3] Wang R, Liang M, He Y, et al. A normalized adaptive filtering algorithm based on geometric algebra [J]. IEEE Access，2020，8：92861-92874.

案例 20：基于深度学习自闭症短期自发血流动力学波动预测

徐凌宇　耿秀琳*

案例来源

Xu L Y, Geng X L, He X Y, et al. Prediction in autism by deep learning short-time spontaneous hemodynamic fluctuations [J]. Frontiers in neuroscience, 2019, 13：1120-1120

DOI：10.3389/fnins.2019.01120

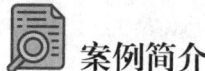

案例简介

自闭症（Autism, Spectrum Disorder, ASD）是一种神经系统发育障碍性疾病，通常发生于婴幼儿时期，伴随着年龄的增长，逐渐出现重复性刻板行为、偏执的专注力以及社交障碍。目前关于 ASD 的诊断大多依赖于大脑图像的经验提取先验特征。但是，ASD 发病机制的复杂性和人类的有限知识使得可用于准确区分 ASD 和正常人（Typically Developing, TD）的隐藏要素仅仅通过阅读大脑图像并不容易被观察和识别。深度学习以数据驱动为基础，能够挖掘人的肉眼不易察觉到的隐藏在完整数据集的内部特征。基于此，本论文针对自闭症分类任务提出了 CGRNN 多层深度学习神经网络模型。该模

---

* 徐凌宇，上海大学计算机工程与科学学院教授、博士生导师。主要研究方向：人工智能预测预报、溯源。

耿秀琳，上海大学计算机工程与科学学院博士研究生。主要研究方向：人工智能预测诊断。

型以滑动窗口扩充小样本数据集为基础，利用多卷积层 CNN（Convolution Neural Network）从输入序列中提取局部子序列，对每个子序列执行相同的输入变换，使得序列某一位置中学到的模式稍后可以在其他任何位置被识别，从而完成序列局部模式的识别，强化了特征识别的泛化能力。MaxPooling 池化层以降采样的方式，在不影响序列数据质量的情况下进行数据的压缩以减少参数信息，防止过拟合的发生，同时提取特征序列的最大值，进一步挖掘数据的内在特征。为进一步强化序列关联，模型利用门控回归单元（Gate Recurrent Unit，GRU）的重置门和更新门分别捕捉序列数据中的短期依赖和长期依赖，按照时间的先后顺序记忆特征并依据特征进行结果的推断。最终搭建的分类器利用全连接层将学到的分布式特征表示映射到样本标记空间。CGRNN 模型相比于传统的行为观察和经验识别，具有更强的发现序列隐含特征特性和捕获 ASD 时间序列内在关系的能力。我们利用功能性近红外光谱（Functional Near-infrared Spectroscopy，fNIRS）从 47 例 ASD 患儿和正常人双侧额下回和颞叶皮层中采集自发性血流动力学波动信号进行实验，结果显示，CGRNN 模型能够从有限的 ASD 样本空间中精确地提取异质性特征，最终仅利用一个光通道 7 s 的 fNIRS 时间序列就可以实现 ASD 和 TD 儿童之间的准确分类：精确度 92.2%，灵敏度 85.0%，特异性 99.4%。这对 ASD 的脑成像研究具有十分重要的现实意义。此外，本研究还挖掘了 ASD 和 TD 血流动力学非线性动态信息的潜在规律。

方法谈

1.1 选题与立题

本论文的选题以本课题组的研究方向为基础，关注自闭症早期分类的前沿与热点。现在大多数自闭症的诊断依赖于行为观察，这种诊断既不客观又不准确。此外自闭症的异质性特征导致了形态学、神经化学及遗传学等多方面的研究结论存在矛盾，无法为自闭症患者早期诊断提供有效的帮助。为此，科学家们试图利用脑成像来研究与这种疾病相关的特征，脑成像研究的关键挑战在于受试者必须严格地在图像可持续采集的 5～10 min 或更长时间为保持安静。对于患有 ASD 的儿童来说，这并不是一件容易的事情。所以，如果 ASD 的特征能够从短时间内采集的脑图像中提取，对 ASD 的脑成像研究具有重要的现实意义。随着机器学习的进步，尤其是深度学习人工神经网络，使神经学家能够利用机器学习算法分析和提取短期的自闭症患者大脑图像数据特征，并进行基于 ASD 的早期诊断成为可能。为此，本论文以利用深度学习神经网络挖掘自闭症谱系障碍的潜在异质性特征为切入点，发现传统方法无法捕获的 ASD 血流动力学复杂非线性动态规律。

1.2 研究现状与突破点

自闭症谱系障碍（ASD）是指包括自闭症、阿斯伯格综合征（Asperger's Syndrome, AS）在内的神经发育障碍。ASD 的诊断标准侧重于两个核心领域：社交沟通障碍和兴趣受限/重复行为[1]。由于自闭症特性的复杂多样，从发现征兆到确诊需要很长时间，这不可避免地导致了自闭症治疗或干预的滞后。近几年来，由于自闭症患病个体数量不断增加（64 个个体中就有 1 个，男女的患病比例为 4∶1），自闭症的相关研究受到了极大的关注[2]。为了克服 ASD 诊断的缺点仅依赖于行为观察，已经进行了多种多样的研究，包括那些发现与这种疾病相关的特征的脑成像研究。另外，随着机器学习的进步，尤其是深度学习人工神经网络，使神经学家利用机器学习分析自闭症患者大脑图像数据的算法，并进行基于图像的 ASD 进行早期诊断成为可能。此外，机器学习也能在自闭症谱系障碍治疗中发挥重要作用，例如，使用个性化智能机器人与自闭症患者互动以改善他们的行为[3,4]。

大量的脑图像研究已经证明，ASD 患者具有大脑功能和结构异常的特点。核磁共振成像（Magnetic Resonance Imaging, MRI）研究发现当 ASD 患者出现异常时，相关大脑额叶面积的增长轨迹强烈暗示了在年轻时对大脑功能的测量是揭示 ASD 持续异常的关键[5-7]。加利福尼亚研究小组[8]使用多模态脑成像模式结构（MRI）、弥散张量成像（Diffusion Tensor Imaging, DTI）、氢质子磁共振谱（Hydrogen proton Magnetic Resonance Spectrum，1H-MRS）去研究同一组个体的神经结构（19个ASD成人和18个TD成人），以各向异性（Fractional Anisotropy）、径向扩散率（Radial Diffusivity）和皮层厚度为特征，利用决策树进行ASD和TD之间的区分。这种组合方法克服了单独使用每种成像方法造成的差异问题。此外，一些功能性大脑研究表明，对各种认知任务反应的非典型大脑激活或减少的静息态功能连接（Rest-State Functional Connectivity，RSFC）特征也可以用来区分ASD和TD患者[8-11]。例如，Iidaka计算了静息状态的相关矩阵功能磁共振成像（Resting-State Functional Magnetic Resonance Imaging，RS-fMRI）时间序列，将矩阵作为输入发送到概率神经系统网络（Probabilistic Neural Network，PNN）进行分类，表明由RS-fMRI数据生成的固有连接矩阵可能会作为预测ASD的生物标志物[12]。

现有的获取脑成像模式的方式，如MRI/功能性磁共振成像（fMRI）、脑磁图（Magnetoen cephalography，MEG）、单光子发射计算机断层扫描（Single photo Emission Computed Tomography，SPECT）、正电子发射断层摄影术（Positron Emission Tomography，PET）等技术，应用于ASD患儿大脑异常的检测，容易受到电噪声和头部运动的影响。功能性近红外光谱（fNIRS）作为一种利用近红外光探测人类大脑功能活动的光学脑成像方式，正在不断发展的科学技术中得到广泛应用。fNIRS可以测量由神经元放电引起的局部毛细血管网络中的血流变化。已有研究发现，fNIRS采集的缓慢血流动力学波动表现为ASD连接中的功能异常。同时，fNIRS具有成本低、便携、安全、低噪声（与fMRI相比）和易于使用的特点。与上面提到的那些成像技术不同的是，它的数据不太容易受到电噪声和头部运动的影响。但同时fNIRS信号头部移动造成的伪影仍然可能会破坏时间序列信号，导致不准确的结果。本研究主要突破点是：(1) 以fNIRS采集的ASD患儿数据信息为基础，探索使用深度学习神经网络提取与ASD相关的特征fNIRS信号的可能性；(2) 利用短时间（7 s）的fNIRS时间序列进行ASD和TD孩子的精确分类。

1.3 理论创新与论证

本论文的理论创新是以 ASD 患者脑部连接功能与其神经病理生理学特征的关联为基础，尝试利用深度学习技术研究脑成像图像与该病相关特征，从而实现自闭症（ASD）患者的早期预警。

CGRNN 模型首先利用滑动窗口来对 ASD 和 TD 数据进行预处理，解决 fNIRS 时间序列数据量较小的问题，为模型训练及预测过程中提取和挖掘出小样本数据集的显著特征提供铺垫。CGRNN 模型本身是结合了卷积神经网络（CNN）和门控循环单元（Gate Recurrent Unit，GRU）的多层神经网络。其中，一维卷积神经网络被提出用于原始血红蛋白时间序列局部模式的识别。利用一维卷积神经网络的平移不变特性，可以从 fNIRS 信号中提取能够区分 ASD 与 TD 的细微却差异显著的特征，在各种特征组合中辨析自闭症区别于正常人的异质性特征或正常人区别于自闭症的特征，进而生成具有泛化识别能力的模型。为此，先将每一个已经打好标签的子序列数据放入一维卷积神经网络中训练，在进行卷积运算时，采用卷积核对每个时间序列段执行相同的输入变换，从序列中提取局部子序列，同时使得序列某一位置中学到的特征（或模式）稍后可以在其他任何位置被识别，完成序列局部模式的识别。

另外，为了了解血红蛋白时间序列数据的空间层次结构，在把子序列数据放入一维卷积神经网络之前，先将原始序列数据转换成形状为（samples，time，feature）的三维张量，作为模型的输入。我们的网络模型使用了三层卷积层，通过使连续的卷积层窗口越来越大，从而引入空间过滤器的层级结构。此外，RELU（Rectified Linear Unit）修正线性单元可以使部分神经元失去活性，降低网络结构的复杂性，缓解过拟合，所以每一层卷积层都加入 RELU。最后利用 MaxPooling 池化层来进一步降低过拟合的发生，采用降采样的方式提取不同特征最大值，在不影响数据质量的情况下，进行数据的压缩以减少参数信息，进一步挖掘有用信息。

同时，为了解决原始时间序列在 CNN 训练过程中容易出现梯度消失，进而导致训练无效的问题，模型引入了 GRU 单元。GRU 网络模型本身是一个序列结构，主要包括两个门函数（重置门和更新门）。利用 GRU 中的重置门和更新门能够分别捕捉序列数据中的短期依赖和长期依赖，并通过携带信息跨越多个时间步的方法，按照时间的先后顺序记忆特征并依据特征进行结果的推断，实现对序列关联关系的强化，以应对 CNN 中的梯度衰减问题，并更好地捕捉时序数据中间隔较大的依赖关系。最后，全连接层搭建分类器，将分布式特征代表映射到样本标记空间，实现分类。

1.4 实验验证与仿真验证

本研究利用从 25 名 ASD 儿童和 22 名 TD 儿童处采集到的 fNIRS 数据为基础，进行分类实验。为了评估 CGRNN 分类器的性能，本研究将 sensitivity、specificity 和 accuracy 三个评估指标应用于 CGRNN 分类器的测试结果，对比了不同通道 7 s 数据测试的实验效果。结果表明，CGRNN 分类器在 HbO_2、Hb 和 HbT 上均表现良好。尽管同一属性值下，不同通道的分类结果有较大差异，但仍有部分通道分类效果显著。所以，CGRNN 模型基本上能够实现自闭症患者和正常人的准确区分。此外，由于 HbT 为 HbO_2 和 Hb 之和，我们原本认为重叠的信息不能提供更好的分类效果，但将 HbT 作为一个单独的属性值应用于 ASD 分类问题时，发现原本分类效果并不理想的一些通道最后的分类效果会变得更好。此外，为了进一步形象化地展示 CGRNN 模型的分类性能，我们随机选取了四对自闭症患者和正常人展示测试数据的结果。可以看出，CGRNN 模型可以对自闭症患者和正常人进行短时间内（7 s）的有效区分。

同时，模型通过 ROC（Receiver Operating Characteristic）曲线对比 GRU、CNN、LSTM（Long Short-Term Memory）深度模型，实验结果表明，CGRNN 算法分类效果最好；其次是 CNN 模型，它在自闭症患者血红蛋白数据的特征提取上非常有效；GRU 模型则表明单一的 GRU 模型并不能起到良好的分类效果；最后，单一的 LSTM 模型的分类效果最差。同时我们根据各个模型 ROC 曲线下的面积（Area Under Curve, AUC）进行比较，

AUC 是对所有可能的分类阈值的效果进行综合衡量，它可以看作模型将某个随机阳性样本排列在某个随机阴性样本之上的概率，通常来说 AUC 的值越大，分类效果越好，比较发现 CGRNN 算法试验中的 AUC 最大，因此，可以认为 CGRNN 算法的诊断最具有价值。

此外，以往的研究大多是利用多个特征变量实现 ASD 和 TD 的有效区分，没有人利用单通道 7 s 的时间序列数据来实现较好的分类效果。CGRNN 利用第 10 通道的 Hb 属性的 7 s 测试数据的分类结果为：灵敏度为 85.0%，特异性为 99.4%。所以，CGRNN 模型不仅能高效并精确地诊断出自闭症患者，还可以避免正常人被误诊的情况发生。同时，不是特征变量越多越能精确地进行自闭症患者的诊断，相反，当使用精确并有明显区别的单个通道特征进行自闭症患者的分类实验时效果更加明显。

除此之外，我们还通过对比 LR（Logistic Regression，线性回归模型）、KNN（k-Nearest Neighbor）、RF（Random Forest，随机森林）、SVM（Support Vector Machine，支持向量机）机器学习模型，验证了本论文提出模型的优势。实验结果表明，即使在短时间内自发性地血流动力学波动，利用多层神经网络 CGRNN 也能够从单个光学通道识别与自闭症谱系障碍相关的特征；CGRNN 可以提供高度准确的 ASD 预测。

此外，本研究还挖掘了 ASD 和 TD 血流动力学非线性动态信息的潜在规律。HbO_2 属性中有 7 个通道位于大脑额叶部分，2 个通道涉及大脑颞叶部分，说明基于 HbO_2 属性分类额叶比颞叶区域的更具区分性。对于 Hb 属性而言，有 7 个通道位于右侧，2 个通道位于左侧，说明在基于 Hb 属性区分时，来自右脑的数据更具可分性。在以后的实验研究中，我们将着重于正常人与自闭症患者左右脑血流动力学活动的差异性分析，进一步挖掘数据中的潜在规律。

1.5 论文框架

论文的结构应符合研究内容的内在逻辑。本论文首先探讨了基于短时间自发性血流动力学波动的多层人工神经网络，对 ASD 儿童和 TD 儿童进行分类的可行性。并设计了适合于 ASD 分类任务的模型框架 CGRNN。在此基础上，进一步详细介绍了 CGRNN 多层神经网络模型框架在提取 ASD 相关的特征和获取 fNIRS 时间序列中内在关系方面的优势，从理论上说明该模型能够利用较短的 fNIRS 时间序列准确预测 ASD，这对 ASD 的脑成像研究具有重要意义。同时理论与实践相结合，通过 ROC 曲线等方式将 CGRNN 与 CNN、LSTM 和 GRU 神经网络模型进行比较，并与 LR、KNN、RF 和 SVM 等四种机器模型算法对比，验证模型的可靠性。并对实验现象进行了进一步的探讨。

1.6 摘要、引言、总结的内在逻辑

就一篇文章而言，摘要、引言、总结都是论文中不可或缺的部分。摘要起到点题的作用，对文章的创新性、可行性、突破性进展进行概括性描述，并以简洁明了的语言深化文章主旨，激发读者阅读兴趣。引言是对本研究近期国内外研究进展的概述，同时针对现有研究现状或研究困境，进行的深刻思考，并提出自己的解决方案。其主要作用在于立意，即提出选题依据及研究意义。总结不同于摘要，本论文是针对提出的将模型框架应用于研究内容的结果进行分析，通过实验研究结果进一步论证自己的观点、研究意义。同时，结论中也会指出目前研究所面临的问题，探讨今后该课题深入研究的方向。

1.7 论文发表后的反思

实验研究发现，虽然 HbT 是 HbO_2 和 Hb 的总和，但它可以提供比 HbO_2 和 Hb 更丰富的鉴别信息。在 HbO_2 属性上，额叶的血流动力学信号比颞叶有更好的分类效果。就 Hb 属性而言，来自右半球的血流动力学信号包含更多的辨别 ASD 和 TD 之间差异的信息。

本论文旨在探讨使用单一通道短时自发的血流动力学波动分类 ASD 患儿与正常孩子的可能性，这可能会大大简化自闭症诊断和测量协议的 fNIRS

装置设计。下一阶段将开发一种"boosting"算法，结合多个性能较好的通道来进行 ASD 分类，或者利用集成学习算法集成多个分类效果好的分类器来实现数据集的进化，进一步提取隐藏在数据内部的特征帮助实现自闭症患儿的早期分类。

参考文献

[1] Sharma S R, Gonda X, Tarazi F I. Autism spectrum disorder classification, diagnosis and therapy [J]. Pharmacology. 2018, 190, 91 - 104. doi: 10.1016/j.pharmthera.2018.05.007.

[2] Christensen D L, Bilder D A, Zahorodny W, et al. Prevalence and characteristics of autism spectrum disorder among 4-year-old children in the autism and developmental disabilities monitoring network. J. Dev. Behav. Pediatr. 2016, 37, 1 - 8. doi: 10.1097/dbp.0000000000000235.

[3] Amaral C P, Simões M A, Mouga S, et al. A novel brain computer interface for classification of social joint attention in autism and comparison of 3 experimental setups: a feasibility study [J]. J. Neurosci. Methods. 2017, 290, 105 - 115. doi: 10.1016/j.jneumeth.2017.07.029.

[4] Rudovic O, Lee J, Dai M, et al. Personalized machine learning for robot perception of affect and engagement in autism therapy. Science 3: eaao6760, 2018. doi: 10.1126/scirobotics.aao6760.

[5] Elizabeth R, Eric C. When is the brain enlarged in autism? A meta-analysis of all brain size reports [J]. Biol. Psychiatry. 2005, 58, 1 - 9. doi: 10.1016/j.biopsych.2005.03.026.

[6] Lainhart J E. Advances in autism neuroimaging research for the clinician and geneticist [J]. Am. J. Med. Genet. C Semin. Med. Genet. 2010, 142C, 33 - 39. doi: 10.1002/ajmg.c.30080.

[7] Courchesne E, Campbell K, Solso S. Brain growth across the life span

in autism: age-specific changes in anatomical pathology [J]. Brain. Res. 2011, 1380, 138-145. doi: 10.1016/j.brainres.2010.09.101.

[8] Libero L E, Deramus T P, Lahti A C, et al. Multimodal neuroimaging based classification of autism spectrum disorder using anatomical, neurochemical, and white matter correlates [J]. Cortex, 2015, 66, 46-59. doi: 10.1016/j.cortex.2015.02.008.

[9] Kaiser M D, Pelphrey K A. Disrupted action perception in autism: behavioral evidence, neuroendophenotypes, and diagnostic utility [J]. Dev. Cogn. Neurosci. 2012, 2, 25-35. doi: 10.1016/j.dcn.2011.05.005.

[10] Murdaugh D L, Shinkareva S V, Deshpande H R, et al. Differential deactivation during mentalizing and classification of autism based on default mode network connectivity [J]. PLOS ONE, 2012, 7 (11): e50064. doi: 10.1371/journal.pone.0050064.

[11] Deshpande G, Libero L E, Sreenivasan K R, et al. Identification of neural connectivity signatures of autism using machine learning [J]. Front. Hum. Neurosci. 2013, 7: 670. doi: 10.3389/fnhum.2013.00670.

[12] Iidaka T. Resting state functional magnetic resonance imaging and neural network classified autism and control. Cortex, 2015, 63, 55-67. doi: 10.1016/j.cortex.2014.08.011.